YES를
끌어내는
13가지 방법

눈앞의 '그 사람'을 움직이게 하는 초영향력을 키워라

YES를 끌어내는 13가지 방법

초판 1쇄 인쇄 2021년 11월 30일
초판 1쇄 발행 2021년 12월 6일

지은이 김희영

발행인 백유미 조영석

발행처 (주)라온아시아
주소 서울특별시 서초구 효령로 34길 4, 프린스효령빌딩 5F

등록 2016년 7월 5일 제 2016-000141호
전화 070-7600-8230 **팩스** 070-4754-2473

값 14,500원
ISBN 979-11-92072-07-4 (03190)

YES를 끌어내는 13가지 방법

김희영 지음

RAON BOOK

브라보 유어 라이프!

'과하지욕(跨下之辱)'이란 말이 있다. 가랑이 밑을 기는 치욕이라는 뜻이다. 중국 한나라 시대의 장군이었던 한신이 무명 시절 한 건달 때문에 겪은 '가랑이 사이로 지나가는 모욕'에서 유래한 말로, 그는 훗날 인생 대반전으로 왕이 되었을 때 그때 일을 언급하며 "오늘의 내가 이곳에 있을 수 있는 건 그때의 굴욕을 참았기 때문이다"라고 말했다. 한신은 큰 뜻을 위해 작은 굴욕을 감수한 것이다. 나 또한 50여 개의 직업을 거치고 13번의 사업을 하면서 많은 굴욕을 겪을 때마다 한신의 일화를 마음에 새기고 또 새겼다.

세상을 살아가면서, 새로운 직업과 사업에 도전하면서, 내가 가장 1순위에 두었던 것은 감정을 다스리는 일이었다. 그리고 감정을 다스리기 위해서는 생각부터 변화시켜야 했다. 모든 일은 사람과 사람을 거쳐 결국 성공이란 결과에 이르게 되어 있다. 그 결과가 좋거나 나쁜 것은 사람의 생각과 마음에 달려 있다. 그래서 생각과 마음이 거칠어지고 감정이 흔들릴 때마다 욕심을 버리고 감정을 컨트롤하며 단순하게 생각하려는 습관을 들였다. 그리고 큰 목표를 세우되 기대치는 낮추고, 아주 작은 실천을 '딱 하루만' 해보기로 마음먹었다.

늘 남과 비교하지 않고 경주마가 앞만 보고 달리듯 나만의 '내비게이션'에 충실하자는 다짐도 했다. 항상 나의 출발점의 위치를 한번 더 파악한 뒤 출발하고 내 속도대로 나만의 길을 가는 데 주안점을 두었다. 너무 잘해야겠다는 마음의 힘을 빼고 나답게 긍정적이고 유쾌하게, 진심으로 고객을 대하면 내 마음이 전달되리라고 믿고 그렇게 행동했다. 이렇게 감정과 마음을 다스리며, 나만의 방향계에 따라 속도를 정하고 생각과 말과 행동을 창조하는 데 힘썼다. 주어진 환경을 변화시킬 수는 없지만 내 생각과 말, 행동은 스스로 변화시킬 수 있기 때문이다.

'영혼을 위한 닭고기 수프' 시리즈의 공저자이기도 한 마시 시모프(Marci Shimoff)는 저서 《이유 없이 행복하라》에서 "사람은 하루에 6만 가지가 넘는 생각을 하는데 그중 95퍼센트는 그 전날 했던 생각과 똑같은 생각이며 그중 80퍼센트인 4만 5,000가지 생각이 부정적인 생각이다"라고 말했다.

나는 부정적인 생각을 버리고 남들과 다른 생각, 차별화된 발상, 긍정적인 마음가짐으로 삶을 창조적으로 살아가기로 마음먹었다. 그래서 '나는 뭘 해도 잘한다. 운이 좋다'는 자기 확신과 신념을 가지고 '이미 이긴 게임을 리플레이할 뿐'이라는 편안하고 여유로운 마음 자세로 목표를 향해 나아갔다.

내가 남들보다 많은 사업과 직업에 도전하고, 나름대로 좋은 성과를 얻을 수 있었던 비결은 거창한 데 있지 않다. 나 자신과 판매하는 상품을 신뢰하고 고객을 진심으로 대하는 자세와 생각을 창조하는 일 그리고 발에 땀이 나도록 성실하게 움직이는 행동력, 이것이 내가 영업하면서 상대방에게서 '예스(Yes)'를 끌어낸 비결이다.

영업이 안 되고 마음이 무너지는 날이면 '오늘이 처음 시작하는 날이다'라고 생각했다. 그러면서 내가 원하는 것을 말하고, 글을 쓰고, 그림으로 그리며 마음을 새롭게 다잡고, 머릿속으로 세계와 우주를 여행하며 다른 우주에 사는 김희영은 부자고 성공한 멋진 사람일 거라고 상상하며 나만의 에너지를 끌어올렸다. 그리고 상대가 만족을 넘어서 미안한 마음마저 들 정도로 계산기를 두드리지 않고 내주는 '다정 마케팅'을 실천했다.

이 책은 내가 다양한 사람을 만나고 다양한 영업을 하고 다양한 직종의 일을 경험하면서 내 나름대로 타인에게 좋은 영향력을 줄 수 있었던 경험과 일상에 대한 기록이다.

당신은 긍정적이고 열정을 잃지 않으며, 자기 인생을 즐겁게 살면서 남에게도 '럭키'한 사람으로 남고 싶은가? 그렇다면 내가 알려주는 사소해 보이지만 강력한 방법들이 큰 도움이 될 것이다. 모든 사람에게 똑같이 하루 24시간이 주어진다. 타고난 재주가, 넘치는 재산이, 따라주는 운이 없다고 인생을 탓하면서 원망의 시간으로 보낼지, 주어진 것에 감사하며 최선을 다해 살아갈지는 본인이 선택하는 것이다. 다시 말해 흐르는 시간에 자신을 내맡길 것인지, 그 시간의 주인이 되어 주도적으로 삶을 일구어갈 것인지는 자기 자신에게 달렸다.

나는 실패가 두려워서 포기하는 것보다는 도전하는 삶이 멋지다고 생각한다. 이러한 생각과 실천이 결국 나 자신을 인생이라는 지도 위에 우뚝 서게 하는 디딤돌이 된다는 것을 믿는다. 부디 많은 사람이 인생을 성공적으로 멋지고 즐겁게 사는 나름의 방법을 얻기를, 그래서 행복이 매일 폭포처럼 쏟아지기를 바란다.

모두의 건투를 빈다.

브라보 유어 라이프(Bravo your life)!

김희영

차 례

2장

행동의 시너지를 불러일으키는 법

3장

고객과 좋은 관계를 맺고 유지하는 법

4장

초영향력을 얻기 위한 13가지 액션 플랜

1장

상대의 마음을 움직이는 태도와 말

마음을 움직이기 전에 마음을 얻어라

시베리아 야생 호랑이를 만나다

공인 중개소를 운영할 때의 일이다. 어느 날 아파트 임대인이 전화를 걸어서는 23평형 집을 월세로 내놔달라고 했다. 세입자가 집을 엉망진창으로 써서 도배장판은 새로 해주겠다면서, 세입자가 '많이 이상한 사람'이니까 말을 잘해서 집을 보여줘야 할 거라고 재차 강조했다.

이후 고객과 집을 보려고 세입자에게 전화를 여러 번 걸었는데 받지 않았다. 몇 차례 시도 끝에 통화가 되었는데, 세입자는 다짜고짜 '왜 자꾸 전화하냐!'면서 소리를 버럭 질렀다. 공인 중개소라고 하니 다신 연락하지 말라면서 전화를 뚝 끊어버리는 것이었다. 나는 좀 당황스러웠지만 최대한 친절하게 문자를 보냈다.

"사장님, 안녕하세요. 플러스 공인 중개소입니다. 바쁘신데 불편을 드려 죄송합니다. 이사하실 집에 대해 의논할 겸, 시간 나실 때 저희 중개소로 방문해주시길 부탁드립니다. 감사합니다."

세입자는 답이 없었다. 그래서 매일 아침마다 좋은 글과 함께 '즐거운 하루 되세요'라는 메시지를 보냈다. 그러기를 보름쯤 했을까? 어느 날 전화를 걸었더니, 지난번보다 한결 차분해진 목소리로 전화를 받았다. 그래도 여전히 거친 야생 호랑이처럼 '기한 되면 알아서 나갈 테니 앞으로 전화하지 말라'고 했다.

그 뒤로도 나는 꾸준히 좋은 글과 비슷한 가격에 이사 갈 만한 집 정보를 문자로 보냈다. 그러면서 곧 만기가 되어가니 괜찮은 집이 나왔을 때 보시라며 꼭 방문해달라고 부탁했다. 얼마 후, 공인 중개소 앞에 강한 인상의 중년 남성이 소주를 몇 병 담은 봉투를 들고 왔다 갔다 하는 것이 보였다. 나가서 물어보니 바로 그 호랑이 세입자였다!

그냥 집 짓고 사세요

그는 외모부터 남달랐다. 취권을 하는지 코가 빨갰고, 세상에 불만을 표현하듯 제멋대로 휘날리는 곱슬머리에, 눈썹은 호랑이 눈썹 모양으로 양쪽 끝이 날개처럼 위로 뻗쳐 있었다. 거기에 검정색 두꺼운 뿔테 안경을 쓰고, 얼룩덜룩한 개구리 군복 바지에 검정 나시를 입고 있어 더욱 강력한 인상을 주었다. 또 목소리는 어찌나 큰지, 기차 화통을 삶아 먹은 듯 우렁차서 귀가 금세 피곤해졌다. 나는 침착하게 이렇게 물었다.

"사장님, 사시면서 집에 대해 불편한 점은 없으셨어요?"

이 질문은 그 집에서 빨리 이사 가고 싶은 마음이 들도록 유도하는 질문이었다. 그러자 그는 술 냄새를 중개소 가득 풍기면서, 불평불만을 쏟아냈다. 주인은 물론이고 윗집, 아랫집 이웃들까지 욕을 했다. 그러면서 방음이 안 되어 윗집 화장실 물 내리는 소리까지 들린다며 집 자체가 잘못 지어졌다고 이젠 집까지 욕을 했다. 가끔 손자가 와서 노는데 아랫집에서 시끄럽다고 항의하는 것도 다 집이 잘못 지어진 탓이라고 했다.

그는 소음 문제로 아파트 관리실에 여러 번 민원을 넣었다고 했다. 윗집은 시끄럽다고, 아랫집은 자꾸 시끄럽다고 뭐라 한다고 민원을 넣었다니, 그야말로 블랙 코미디였다. 이처럼 그는 굉장히 독특한 세계관을 지닌 사람이었다. 자신만의 신념이 너무나 확고하고 고집이 세서, 세상을 전부 '적'으로 인식해 금방이라도 싸울 태세가 갖춰져 있었다.

그의 말을 전부 이해하기는 어려웠지만, 불만에 찬 얘기를 할 때 고개를 끄덕이며 많이 힘드셨겠다고 공감해주고 리액션과 추임새도 넣어가며 끝까지 경청했다. 그러자 마음이 조금 열렸는지 자신의 이야기를 하기 시작했다. 하루 쉬고 하루 일하는 직종에 종사하며, 자녀는 셋이라고 했다. 셋 중에 큰아들은 사고 쳐서 자식을 낳았고, 막내딸은 늦둥이라 아직 고등학생이라고 했다. 그렇게 그가 어느 정도 마음을 열었을 때, 나는 슬며시 이사 이야기를 꺼냈다.

"사장님, 이번에 이사하면 어떤 집에서 살길 원하세요?"

이 질문은 새로운 집으로 빠른 이사를 위한 유도 질문이었고, 내 물음에 그는 지금 살고 있는 아파트 단지 내의 23평 월셋집, 되도록 사람이 많이 안 다니는 구석진 동의 1층 집을 원한다고 답했다. 방금 잘못 지은 아파트라고 흥분하며 욕했으면서 다른 곳으로 이사 가긴 싫다고 했다. 그의 말은 논리적이지 않았지만, 어쨌든 이사를 가기로 결정했으니 다행이었다.

그는 좀 더 이야기를 나눈 뒤에 자리를 떴다. 그리고 몇 시간 뒤, 드디어 손님과 함께 그의 집을 보러 갔다. 그랬더니 세상에! 소주병이 곳곳에 널브러져 있어서 발 딛기도 힘들 지경이었다. 베란다에는 곰팡이가 잔뜩 끼어 마치 벽화를 칠한 것처럼 군데군데 새까맸다. 냄새는 또 왜 그렇게 고약한지, 숨을 쉬기도 어려웠다. 집 상태도 아찔한데 그가 옆에서 계속 큰 목소리로 주인이 양심 불량이라 월세를 계속 올린다는 둥 윗집이 너무 시끄러워서 잠을 못 잔다는 둥, 아랫집 사람은 아주 예민하다는 둥 집에 대한 험담을 끊임없이 늘어놓았다. 그런 형편에서 당연히 계약이 성사될 리 없었다. 나는 곧장 임대인에게 연락해 우선 세입자가 이사 간 뒤에 도배장판, 곰팡이 제거 공사를 하고 세를 놔야 할 것 같다고 말했다. 그리고 공사가 다 끝날 때까지는 고객에게 그 집을 보여주지 않았다.

이후 호랑이 세입자는 허구한 날 공인 중개소로 찾아와서는, '집 나온 거 있냐'고 물었다. 하지만 적당한 집을 보여줘도 그는 '이 집은 이게 별로고, 저 집은 저게 별로'라며 소소한 것까지 트집을 잡았다. 그때마다 화가 올라오면서 '그냥 땅 사서 집 짓고 사세요'라는 말이 목청까지 올라왔다. 세탁실 입구 방향까지 트집을 잡을 정도로 까다로우니, 과연 이사는 할 수 있을까 의문스러웠다. 하지만 한편으로는 측은한 마음이 들었다. 술병이 쌓일 정도로 술을 마시고, 보여주는 집마다 마음에 안 들어 하는 건 집 때문이 아니라 마음이 아파서이지 않을까 싶었다. 그래서 그의 말을 진심으로 경청하며 감정을 잘 읽고 맞춰주려고 노력했다.

호랑이도 심장은 뛴다

호랑이 고객은 좋은 집을 보여줘도 심각한 결정장애인 건지 결단을 내리지 못했다. 쉬는 날이면 공인 중개소 옆 편의점에서 술을 사 와서는 "집 나왔어요?" 하고 물었다.

그 얼굴의 표정을 보자니, 집이 궁금한 게 아니라 대화를 하고 싶어하는 것 같았다. 그래서 차 한 잔을 건네주면서 일하시는 건 힘들지 않냐고 물었다. 그랬더니 그는 기다렸다는 듯이 이야기 보따리를 풀어놓았다. 가난했던 어린 시절 이야기와 부모님이 사이가 안 좋아서 힘들었던 얘기에서부터 군대 생활 얘기, 결혼해서 애 셋 키우느라 힘들었던 얘기들을 했다. 질문을 안 했으면 어쩔 뻔했나 싶을 정도로, 몸으로 흉내까지 내가며 신나게 이야기를 했다. 그러는 동안 흐릿했던 눈동자는 또렷해졌고 무섭게 굳은 표정도 편안해져, 나중에 돌아갈 때는 미소까지 지었다.

그 이후 조건 좋은 집이 나와, 호랑이 고객과 함께 집을 보러 갔다. 그가 또다시 망설이기에 이번에는 내가 강력하게 리드하며 말했다. "사장님, 집 사시는 것 아니잖아요? 살다가 불편하면 언제든지 다른 곳으로 이사하시면 돼요. 이 집은 사장님이 원하시는 조용한 동 1층에다, 도배장판도 새로 해주고 월세도 지금보다 5만 원 싸요. 이보다 더 좋은 조건의 집은 앞으로 찾기 어려워요. 그러니 집 나가기 전에 계약하세요."

그렇게 어렵사리 계약이 이루어졌는데, 또다시 집주인과의 다툼 때문에 금세 이사를 하게 되었다. 이후 새로 이사 갈 집을 알아볼 때부터는 내가 고객 대신에 집을 봤고 '이 집이다' 싶으면 그제야 고객이 와서 보고 계약하게 했다. 살고 있는 집을 다른 고객에게 보여줄 때도 호랑이 고객이 혹시 계약에 방해되는 말을 할까 봐 방에만 있도록 해서, 피차 마주치지 않도록 했다.

힘들게 두 번째 이사를 마치고 난 뒤부터 호랑이 고객은 수시로 공인 중개소에 들렀다. 처음에 보았던 적개심 가득한 표정과 음성이 아닌 한층 밝아진 모습으로 음료수, 아이스크림, 초콜릿,

과일을 사다 주고 화이트데이에는 사탕도 큰 바구니째로 사다 주었다. 아마도 고맙다는 표현이었던 것 같다.

불평불만으로 가득 찬, 포효하는 호랑이 같던 고객은 어느덧 순한 양이 되어 내 가족의 안부를 묻는 친근한 고객이 되었다. 그는 까다롭지만 의리가 있어서 우리 중개소하고만 거래했다. 그리고 이사해야 할 때 임대인이 다른 중개소 여러 군데에 동시에 집을 내놔도, 우리 중개소 고객에게만 집을 보여주었다. 그런 그를 나 역시 가족 같은 마음으로 대했다. 소통 대리인의 역할을 해주기도 하고, 책임감을 가지고 가장 좋은 조건의 집을 연결해 주려고 노력했다. 집을 구하는 건 어느 공인 중개소를 통해서도 할 수 있지만, 나는 그 고객에게 '세상에도 기댈 곳이 있구나'라고 느낄 수 있는 작은 바람막이가 되어주고 싶었다.

호랑이 고객은 이사할 때마다 집 안의 술병이 조금씩 줄어들었고, 표정과 성격도 편안해져갔다. 그 고객은 4번에 걸쳐 이사를 했고, 마지막에는 내가 알려준 영구 임대 아파트에 정착했다.

상대의 마음을 얻는 3가지 태도

'일고수이명창'이라는 말이 있다. 판소리에서 첫째는 북 치는 사람이고 둘째가 소리를 잘하는 사람이라는 뜻이다. 즉, 북을 치는 고수가 추임새를 넣어주고 장단을 잘 맞춰줘야 노래도 잘할 수 있게 된다는 뜻이다. 추임새는 소리 도중에 고수가 외치는 '얼씨구', '좋다' 등의 감탄사를 가리킨다. 실제보다 과장되게 칭찬한다는 뜻의 '추어주다'라는 말에서 유래한 표현인데 사람들을 만났을 때에도 추임새를 적절히 활용하면 대화가 훨씬 잘 풀릴 뿐 아니라 공감과 합의를 쉽게 이끌어낼 수 있다. 내가 호랑이 고객을 강아지 고객으로 만들었던 것도 추임새와 함께 장단을 잘 맞춰줬기 때문이다. 내 비법을 정리하자면 이렇다.

북 치듯 경청했다

사리 분별과 상황 파악을 잘하는 사람을 우리는 '총명하다'고 표현한다. '총명(聽明)'이란 귀가 밝고 눈이 밝은 것을 뜻한다. 즉, 잘 보고 잘 듣다는 뜻이다. 그렇듯 나 역시 고객의 상황과 표정을 잘 보고 고객의 말을 집중해서 하나라도 더 들으려고 노력했다. 그리고 고객의 말에 북 치듯 추임새를 넣어주고 장단 맞추듯 리액션을 해서 기분을 좋게 해줬다. 고객의 말이 논리에 맞지 않고 나와는 생각이 달라도, 다름을 인정하고 경청과 추임새로 고객이 친근감을 느끼도록 했다. 또한 고객의 말이 지루하더라도 도중에 말을 끊거나 딴청을 피우지 않았다. 그러나 어떤 주제에 대해 어느 정도 얘기했다 싶으면 자연스럽게 질문을 던져서 원하는 답을 이끌어냈다.

호랑이 고객에게는 2가지 질문을 했다. 처음에는 '살면서 어떤 점이 문제였는지'를 물어봐서 문제점이 증폭되어 빨리 이사

가고 싶은 마음이 들게 했다. 그리고 두 번째로는 '어떤 집에 살고 싶은지'를 물어서 새로운 집에 집중하게 만들고, 그에 대한 기대와 희망을 갖게 하고 빨리 이사를 가고 싶게끔 이끌었다.

고객의 말에 호기심을 보였다

고객을 대할 때에는 성격이나 성향을 파악해 어떤 것을 원하는지, 고객의 목마름을 파악하고 그 부분을 채워주어야 한다. 즉, 가려운 곳을 잘 찾아서 시원하게 긁어주어야 한다. 나는 호랑이 고객을 만나 소통하면서 재빨리 그의 성품과 성향을 알아냈다. 그는 월세를 잘 내는 성실한 사람이지만 사회성이 떨어졌다. 다른 사람과 소통이 안 되어 외로워서 술을 자주 마시는 것 같았다. 그래서 나는 그에게 '이해와 존중'을 채워주었다. 고객의 필요를 채우는 일은 어렵지 않다. 고객이 하는 말을 최대한 성의 있게 듣고 공감하다가 고객의 감정이 고조되거나 흥분하는 부분에 이르면, 그 주제에 흥미를 보이며 관련된 질문을 던지면 된다. 또한 고객이 자랑하고 싶은 일이나 성과 등을 말할 때는 알아달라는 뜻이니 "와, 그걸 어떻게 해내셨어요?" 하고 감탄하면서 진한 관심을 담아 물어보면 된다. 고객이 자신 있는 분야에 아는 척을 할 수 있도록 해주면서 고객을 선생님으로, 또는 주인공으로 만들어 중요한 사람이라는 느낌을 가질 수 있게 한다.

고객의 약점을 채워주었다

나는 고객의 약점을 알고 난 뒤로는, 상대가 무안하지 않도록 부드럽게 리드하는 방법을 썼다. 호랑이 고객의 약점은 감정 조절과 소통을 어려워하고 쉽사리 결정하지 못하는 것이었다. 그래서 나는 그 고객이 임대인이나 집을 보러 온 다른 고객과 최대한 마주치지 않게 하고 중간에서 소통해주었다. 또한 고객이 쉽사리 결정을 내리지 못할 때에는 "사장님은 저희보다 더 꼼꼼하셔서 진짜 좋은 집 구하실 것 같아요" 하면서 칭찬해주고, 성과가 나면 내 업적은 생색내지 않고 모두 고객의 공으로 돌려 기분을 좋게 하였다.

30억 원 고객이든 30만 원 고객이든 똑같이!

나는 월세를 구하러 온 고객이든, 30억 원 상당의 건물을 사러 온 고객이든 똑같이 대하는 걸 원칙으로 삼았다. 마치 목욕탕에서 계급장 다 떼고 만나는 것처럼 모두가 소중한 인격체라는 생각으로 고객을 대했다. 호랑이 고객과 인연을 지속할 수 있었던 것도, 색안경을 끼지 않고 그를 존중하며 진솔하게 대했기 때문일 것이다. 얼마 전에 아는 공인 중개소 사장이 들려준 이야기다. 연초에 30억 원짜리 건물을 팔았는데, 매수한 고객이 겉보기에는 너무나 초라한 행색의 60대 남성이었다고 한다. 만약 그 사장이 외양만 보고 매수자를 판단했다면, 거래는 성사되지 않았을 가능성이 크다. 이처럼 보이는 게 다가 아니다. 우리 공인 중개소에서도 비슷한 일이 있었다. 어느 날, 시골에서 갓 상경한 듯한 수수한 차림새의 70대 부부가 월셋집을 찾는다며 문의해 왔다. 대화를 나눠보니 그 부부는 서울의 20억 원 가까이 나가는 아파트에서 살고 있었다. 평생 공무원으로 일하다 퇴직해 연금으로 생활하는데, 재건축 때문에 잠깐 살 월셋집을 알아보고 있다고 했다. 나는 그 70대 부부도 역시 진심으로 친절하게 대했다. 그 부부는 우리 중개소가 구해준 집에서 4년 동안 살았고, 다시 이사 갈 때에도 의리 있게 우리와 거래하고 서로 좋은 덕담을 많이 나누고서 이사를 갔다. 이처럼 사람은 겉만 봐서는 모른다. 그래서 쉽게 외모만 보고 판단해서 함부로 대하지 말아야 한다.

친절을 담아 진심으로 대하면 진상 고객도 아군이 되고, 불운도 행운으로 바뀐다. 혹시 고객이 부자가 아니더라도 진심과 친절로 대하면, 그것이 차곡차곡 적립되어 생각지도 못한 곳에서 몇 배, 몇 십 배로 돌려받게 된다. 그러므로 언제나 돈보다 사람을 가장 중요시하며, 가장 위대한 가치로 존중해야 한다. 물건을 팔기 전에 고객에게 진심이란 값을 지불하고 마음을 사라. 그러면 물건은 보너스로 팔리게 된다.

성공의 51퍼센트는 스토리텔링이다

찐 고수는 심플하게 말한다

'스토리로 말하는 자가 세상을 지배한다'라는 인디언 격언이 있다. 자기가 하고자 하는 말의 핵심을 알고, 그것을 더욱 강조하고 공감을 끌어내기 위해 이야기로 쉽게 풀어낼 줄 알아야 다른 사람의 마음을 얻을 수 있다는 뜻이라고 생각한다. 하수는 본인이 하고자 하는 말의 핵심을 몰라서 복잡하게 말하지만, 고수는 핵심을 파악해 단순하고 쉽게 말한다.

아무리 훌륭한 정보를 담은 하버드 논문이나 정부 부처의 통계 자료라 할지라도 상대방에게 제대로 전달하지 못하면 소음만 될 뿐이다. 이야기로 쉽게 풀어서 말하려면, 먼저 자신이 그 내용을 충분히 이해해야 한다. 그러고 나서 상대가 이해할 수 있게 배려하며 스토리텔링을 하는 것이다. 거기에 재치를 더하면 말이 양념을 친 듯 맛있어진다. 즉, 소화하기 쉽게 된다.

우리 할머니는 많이 배우지는 못하셨는데 어려운 말도 재치있게 풀어 전하는 재주가 있었다. 충청도 분이라 말이 간결했지만 귀에 쏙쏙 들어오고 재미있었다.

하루는 할머니가 허리를 다쳐서 내가 이렇게 물었다.

"할머니, 몸 좀 괜찮으세요?"

그랬더니 할머니가 이렇게 대답하셨다.

"아이고, 괜찮겠니?"

몸 상태를 한마디로 함축한 재미있는 답변이었다.

이처럼 할머니 얘기가 유독 귀에 쏙쏙 들어온 건 재미있게 말씀하시는 말재주 때문이었다. 음식도 아무리 재료가 훌륭해도 맛이 없으면 꽝이듯, 말도 아무리 좋은 정보를 담고 있어도 장황하고 지루하고 흥미가 없으면 꽝인 것이다.

그렇다면 어떻게 해야 재미있으면서 간결한 스토리텔링으로 상대의 마음을 살 수 있을까? 답은 아침 조회 때 교장 선생님의 지루한 훈화를 떠올려보면 알 수 있다.

TV의 개그 프로그램은 재미있어서 한 시간을 봐도 시간 가는 줄 모르지만, 교장 선생님의 딱딱한 훈화는 10분도 듣기가 힘들다. 오죽하면 조회 시간에 훈화를 듣다가 쓰러지는 애들이 있었을까!

귀에 쏙쏙 들어오는 스토리텔링은 교장 선생님 훈화의 반대로 하면 된다. 상대가 흥미를 가질 만한 소재를 골라서 이야기하되, 지루하지 않게 요리하듯 굽기, 찌기, 굽기, 튀기기 등 상대의 입맛에 맞는 다양한 방식으로 이야기를 풀어내야 한다. 또한 이야기를 길게 늘어놓기보다는 짧지만 핵심 전달이 잘 되게, 강약과 완급을 조절해가며 긴장감 있으면서도 재미있고 감동이 있도록 말하는 것이 중요하다. 찐 고수는 군더더기를 빼고 상대가 알아듣기 쉽도록 심플하게 말한다.

최고의 스토리텔러는 비유를 쓴다

최고의 스토리텔러는 적절한 비유, 예화를 사용할 줄 안다. 세계 4대 성인인 예수, 공자, 소크라테스, 석가모니도 모두 비유로 말했다. 비유를 들 때는 상대가 공감할 수 있고 흥미를 가질 만한 소재를 사용해야 한다. 그리고 초등학교 5학년 정도가 알아들을 만큼 쉽게 풀어야 효과적이다. 상대방의 수준에 알맞은 비유를 드는 것도 아주 중요하다. 가령 하루 끼니도 해결하기 힘든 사람에게 비싼 호텔 코스 요리에 대한 비유를 든다면 기분이 어떠하겠는가? 그건 지혜와 배려가 없는 행동이다. 그래서 비유를 사용할 때는 늘 상대방의 환경과 처지를 고려해야 한다.

비유를 선택할 때는 일상적이거나 긍정적인 비유가 좋다. 또한 상대가 공감할 수 있고 듣고 싶어 하는 이야기를 해줘서 기분이 좋아지고 희망과 행복감이 생기도록 해야 한다. 만약 내 말에 고객이 다른 주장을 했다고 가정해보자. 그럴 때에는 바로 반박하지 말고 "네. 고객님, 맞습니다. 저도 고객님과 생각이 같은 부분이 있는데요"라고 호응해주면서 이야기를 이어가야 간다.

그리고 상대의 특성을 빨리 파악해서 그 사람의 감정, 정서, 감성에 맞는 쉽고 긍정적인 비유를 드는 것이 중요하다. 예를 들어, 농부에게는 농사 관련 비유를, 학생에게는 시험 관련 비유를, 주부에게는 집안일 관련 비유를 드는 것이 효과적이다. 이때 주의할 점은 부정적인 비유는 가급적 피해야 한다는 것이다. 농사 관련 비유를 든다면 '풍년이라 수확을 할 때' 하는 식의 긍정적인 비유를 들어야지, '가뭄이라 농사를 망쳐서' 하는 식의 부정적인 비유를 드는 것은 피하는 것이 좋다.

예전에 화장품 영업을 할 때 고가의 클렌징 제품을 많이 판 적이 있었다. 그때 나는 농사를 짓는 고객에게 이런 비유를 들었다.

"고객님, 밭에 비닐을 두껍게 덮고 비료를 주면 영양분이 흡수될까요?"

이런 식으로 고객이 공감할 만한 일상적인 비유를 든 뒤에 다음과 같이 덧붙였다.

"우리 피부도 마찬가지에요. 노폐물이나 화장품 찌꺼기가 피부를 비닐처럼 덮고 있으면 아무리 영양분이 듬뿍 든 에센스를 발라도 흡수가 안 돼요. 효과가 탁월한 클렌징 제품으로 자극 없이 덮개를 깨끗이 걷어내야 합니다. 그래야 영양분이 흡수돼서 세포가 활성화되고 노화도 방지되고 피부가 살아나게 됩니다.”

이러한 고객의 상황에 맞는 찰떡 비유로 제품을 많이 판매할 수 있었다.

맞춤 스토리로 텔링하라

나는 상품에 따라 콘셉트를 정하고 거기에 따른 맞춤 스토리텔링을 했다. 화장품은 ‘뷰티’, 정수기는 ‘건강’, 보험은 ‘대비’, 공인 중개소는 ‘행운’이라는 키워드를 설정해 그에 알맞은 쉽고 재미난 스토리텔링으로 고객에게 다가갔다. 그 결과, 많은 판매 실적을 거둘 수 있었다.

만약 화장품을 판매한다면 ‘뷰티’, 즉 고객의 피부가 아름다워지는 것을 중심에 두고 얘기를 풀어갔다. 이때 뛰어난 성분과 특허 얘기를 딱딱하게 늘어놓기보다는 실생활에서 공감이 가는 예화를 들었다. 예를 들어, 기미와 민감성 피부로 고민하는 고객에게는 화장품 세트를 보여주며 말했다.

“고객님, 제 친구 중에 이목구비가 아주 예쁜 친구가 있어요. 근데 그 친구에게 옥의 티처럼 얼굴에 굉장히 심한 잡티가 있었거든요. 얼마나 심했던지 별명이 ‘파리똥’이었어요. 그런데 그 친구를 오랜만에 우연히 만났는데, 피부가 너무 깨끗해지고 윤기가 나서 완전 딴 사람 같은 거예요. 깜짝 놀라서 도대체 피부에 뭘 한 거냐고 물었더니, 이 제품만 2년 넘게 꾸준히 썼다고 하더라고요."

이처럼 고객의 고민거리인 기미 해결에 맞추어 스토리텔링을 하면 고객은 흥미를 보이게 되어 있다. 이때 예로 든 사람의 '비포 앤 애프터' 사진이 있다면 더욱 관심을 끌 수 있다. 고객의 흥미를 불러일으킨 뒤에는 본격적으로 화장품의 핵심 성분과 특징을 설명한다. 그리고 다시 한 번 다지기로 이렇게 덧붙인다.

"저도 출산하고 기미가 생겨서 속는 셈 치고 이 제품을 6개월 정도 발랐는데요. 기미가 서서히 옅어지더니, 어느 날엔가 거울을 봤는데 어느새 없어졌더라고요.그리고 피부가 민감성이라 걱정했는데 천연 화장품이라 트러블도 전혀 없어서 더욱 좋았어요. 그렇게 확실히 효과를 보니 확신이 생겨 사업까지 하게 되었어요."

이런 식으로 민감성 피부라 화장품 바꾸는 일을 걱정하는 마음도 잠재워주었다. 기미와 민감성 피부에 대한 걱정과 불안감을 해결해주고 희망을 가지게 하는 예화를 적절하게 사용해, 결국 그 제품을 판매할 수 있었다. 고객의 고민과 관심을 겨냥한 맞춤 스토리텔링 덕분이었다.

'눈치코치'를 발휘하라

공인 중개소를 할 때는 '행운'에 집중했다. 그래서 고객이 집을 알아보러 방문하면 먼저 이런저런 이야기를 나누면서 고객의 자금 사정, 환경, 고민거리를 파악했다. 이때가 고객에 대한 정보를 수집하고 계약까지 가도록 준비하는 아주 중요한 단계다.

만약 고객에게 고등학생 자녀가 있다면, 나는 특유의 '눈치코치'를 발휘해 먼저 이렇게 운을 띄웠다.

"자녀분 대학 입시로 신경 많이 쓰시겠어요."

그런 뒤에 고객의 고민이 내가 소개하는 집에서 해결될 수 있으리라는 희망을 심어주는 예를 들었다.

"이 집에 살던 분도 자녀 입시로 고민이 이만저만 아니었거든요. 그런데 여기에 이사 와서 아이가 명문 대학에 들어갔지 뭐예요. 그 전 세입자 아이도 이 집에서 살 때 상위권 대학에 진학했다고 들었는데, 정말 공부 운이 좋은 집인가 봐요."

사실 여부를 떠나서, 이런 이야기를 들으면 기분이 좋아지는 것은 인지상정이다. 그래서 당연히 계약은 성사되었다.

한편, 전셋집을 찾는 고객과 집을 보러 가면서는 그에게 집을 사고 싶은 소망이 있다는 걸 눈치 채고 이렇게 말했다.

"이 집이 참 신기하게도 세입자분들이 전부 대박 집들을 분양받아서 이사 가셨어요. 다들 돈이 부족해서 전세로 살다가, 여기서 일이 술술 잘 풀려서 좋은 집을 사게 된 거예요. 얼마 전 세입자는 신도시 아파트를 분양 받아서 가셨거든요."

그 얘기를 들은 고객은 "아, 정말요?" 하며 기분 좋게 집을 보고 계약했다. 또한 결혼 적령기 자녀가 세 명 있어서 고민일 것 같은 고객에게는 "장성한 자녀분들이 많아 좋으시겠어요" 하고 운을 띄웠다. 그랬더니 예상했던 대로 "좋긴요. 결혼을 못해서 고민이에요"라는 답이 돌아왔다. 그때를 놓치지 않고 나는 이렇게 말했다.

"아, 그러세요? 참 신기하네요. 전에 이 집에 살던 분도 장성한 자녀가 둘이나 있었는데 여기서 시집, 장가 다 보내고 손주들까지 낳아서 자녀 근처로 이사 가셨거든요. 아마 고객님도 이 집에 사시면 좋은 일이 있으실 거예요."

고객은 그 이야기를 듣고 무척 좋아했고, 계약을 하게 되었다. 이처럼 고객을 처음 만나서 대화를 나눌 때 현재 살고 있는 집, 직업, 식구 수, 자금, 이사하려는 이유 등을 재빨리 파악해야 한다. 그런 뒤 집을 보러 가기 전에 희망적인 예화로 마치 그 집에 이사를 가면 고객의 염원이 다 실현될 것 같은 긍정 암시를 심어주고 고객의 기분을 좋게 했다.

그렇게 했을 때 거의 70~80퍼센트는 계약이 이루어졌다. 물론 고객이 원하는 조건들을 만족시켜주는 집을 소개해야 한다. 그런 집을 두고서 고객이 망설일 때 적절한 예화를 곁들인 스토리텔링으로 계약에 쐐기를 박는 것이다.

감동을 주는 스토리텔링은 어디에서나 통한다

조카가 미국 애틀랜타에서 결혼식을 하게 되었다. 현지에 도착해 가족들과 함께 옷을 사려고 대형 쇼핑몰에 갔다. 여러 군데를 둘러봐도 마음에 드는 옷을 못 찾다가, 우연히 한 가게에 들어갔는데 이쁜 옷이 무척 많았다. 그런데 가격이 만만치 않았다. 역시 비싼 게 금 떡이었다. 하지만 옷이 너무나 마음에 들어 꼭 사고 싶었다.

그래서 나는 서툰 영어로 '이 가게의 오너를 만나고 싶다'고 직원에게 말했다. 잠시 뒤 나타난 사장에게 나는 콩글리시로 더듬더듬 내 뜻을 전했다. 그리고 결국 신상품 와이셔츠와 양복, 구두를 전부 반값에 사는 쾌거(?)를 이뤄냈다. 사장은 결혼을 축하한다면서 양복마다 행커치프와 넥타이핀까지 덤으로 주었다. 어떻게 이런 일이 가능했을까? 나의 진심과 솔직함 덕분이었다고 생각한다. 내가 사장에게 한 말은 다음과 같다.

"나는 한국에서 온 김희영입니다. 미국에 사는 조카가 결혼한다고 해서 어렵게 여기까지 왔어요. 이 조카는 우리 가족에게 특별한 존재에요. 어릴 때 부모님이 미국으로 가고 조카가 혼자 한국에 남았을 때 나와 내 가족들이 조카를 돌봐주었거든요. 그래서 내게는 조카가 친딸과도 같습니다. 혹시 사장님에게는 딸이 있으신가요? 딸은 참 사랑스럽잖아요. 그런 귀한 아이가 결혼하는 날이니만큼 그 아이에게도 가장 좋은 옷을 입히고, 나와 내 가족도 최고로 아름다운 옷을 입고 싶어요. 이 넓은 곳을 아무리 돌아다녀도 마음에 드는 게 없었는데, 마침 사장님 매장에서 딱 마음에 드는 옷을 발견했답니다. 그런데 가격이 좀 부담됩니다. 혹시 당신의 매장에서 우리 가족 옷을 전부 살 수 있는 방법이 있을까요?"

나의 진심 어린 스토리텔링에 사장의 마음이 움직였다. 물론 그 사장이 특별히 인심 좋은 사람이었을지도 모른다. 하지만 나는 서투르더라도 진심을 담아 이야기하면 통하리라고 믿었고, 실제로 그러했다.

성공으로 이끄는 윈(WIN) 화법

성공하기 위해 내가 쓰는 화법 중에 간단하면서도 효과적인 '윈(WIN) 화법'이란 것이 있다.

첫 번째 W(who), 내가 말하는 대상이 누구인지 살펴야 한다. 여자인지 남자인지 노인인지 주부인지 직장인인지 사업주인지, 성별과 연령대, 직업 등을 파악해야 한다. 그래야 대상에 맞춰 공감 가는 흥미로운 예화로 스토리텔링을 할 수 있기 때문이다.

두 번째 I(important), 상대가 중요하게 여기는 것이 무엇인지 파악해야 한다. 자동차를 예로 든다면, 누군가는 승차감을 또 다른 누군가는 디자인을 우선시할 것이다. 상대가 어떤 것을 좋아하고 중요하게 생각하는지를 아는 만큼 판매 성공률이 높아진다.

세 번째 N(need), 고객에게 필요한 것이 무엇인지 파악해서 제시해야 한다. 만약 무엇을 만드는데 세모 모양이 비어 있다면 세모를 찾아서 맞춰주고, 네모 모양이 비었다면 네모를 찾아서 맞춰줘야 한다.

이처럼 상대가 누구인지, 중요시하는 것은 무엇인지, 그리고 필요로 하는 것은 무엇인지 파악해, 맞춤 스토리텔링으로 다가가면 판매 성공률이 높아진다.

지식보다 인성이 중요하다

좋은 인성이 성공의 열쇠

몇 년 전에 자동차를 구입하려고 영업 사원과 전화 상담을 했다. 친절하게 응대해주기에 구입하기로 맘먹고 며칠 후 다시 연락했다. 그런데 전화는 안 받고 메모를 남겨달라는 메시지만 날아왔다. 바쁜가 보다 싶어서 '자동차 관련해 문의하려고 합니다' 라는 메시지를 남겼더니 곧 연락이 왔다.

그런데 그 사원은 첫마디에 대뜸 이렇게 말했다.

"오늘도 문의만 하실 건 아니죠?"

참으로 황당무계했다. 말 한마디로 처음에 친절했던 이미지가 사라졌다. 천 냥 빚을 갚기는커녕 천 원도 못 버는 멘트를 날리다니! 그 사람에게 차를 사고 싶은 맘이 싹 가셨다. 설령 산다고 해도 후처리를 잘해줄지 신뢰가 가지 않았다. 그래서 나는 본사에 연락해서 우수 영업 사원을 소개해달라고 요구했다. 그 뒤 친절하고 프로페셔널한 직원을 소개받아 바로 현금으로 차를 구입하고, 여러 지인에게도 그 직원을 소개해줬다.

이처럼 작은 태도나 말은 중요하다. 하나를 보면 열을 알 듯, 사소한 말 한마디에서 인성, 즉 사람 됨됨이가 느러나기 때문이다. 인성은 태도, 말, 성품, 신념, 가치관 등이 합쳐져 형성된다. 평소에 쓰는 말과 태도도 습관이 되기에 긍정적인 말과 태도의 습관을 갖도록 의식적으로 노력해야 한다.

'투자의 귀재' 워런 버핏(Warren Buffett)은 1998년 워싱턴대학에서 토론하던 중 한 학생의 '어떻게 큰 부와 성공을 거둘 수 있었냐'는 질문에 한마디로 대답했다.

"퍼스널리티(Personality)!"

즉, 인성이 성공의 비결이라는 말이다. 부와 성공, 명예를 얻으려면, 우선 기초 토대가 되는 인성을 잘 갖추어야 한다. 옷에 비유하자면 인성은 원단과도 같다. 디자인이 아무리 화려해도 옷감이 별로면 가치가 떨어지는 것처럼, 스펙을 쌓기에 앞서 기본인 좋은 인성을 가져야 한다.

겸손하고 성실한 물처럼

좋은 인성의 소유자는 어떤 사람일까? 나는 '물 같은 사람'이라고 생각한다.

물은 스스로 높아지려고 하지 않고 가장 낮은 곳으로 흐르는 겸손함을 지녔다. 또한 급하게 바다가 되려고 욕심을 부리지 않고, 그저 한 방울씩 꾸준히 모여 바다를 이루는 한결같은 성실함을 가졌다. 때에 따라 고체 또는 기체가 되지만, 불평불만 없이 변화를 수용한다. 무향, 무취, 무색이라 겉으로 잘 드러나지 않지만 꼭 필요한 존재이기도 하다. 그리고 양동이든, 컵이든, 그 어떤 그릇에도 담길 수 있는 유연성이 있으며 누군가에 의해 함부로 길바닥에 뿌려져도 상처받지 않는다. 생명을 유지하게 하고 만물을 이롭게 하는 큰 업적을 세우면서도 자기가 잘났다며 생색내거나 자랑하지 않는다.

나는 영업을 잘하려면 물과 같은 인성을 길러야 한다고 생각한다. 영업을 하다 보면 실적이 높을 수도 낮을 수도, 거절을 당할 수도 계약을 할 수도 있는 것이기에 물처럼 한결같이 초연해야 한다. 영업 실적이 높다면 '이제 내려갈 수도 있다'는 겸손한 마음을 갖고, 실적이 낮다면 '밑바닥이니 이제 올라갈 일만 남았다'는 겸손과 용기를 가져야 한다. 또한 나보다 높은 곳에 있는 사람에게는 배우려 하고, 나보다 뒤처진 사람은 이끌어주고 힘을 북돋아줘야 한다.

그리고 벼는 익을수록 고개 숙이듯, 먼저 들어왔다고 텃세 부리지 말고, 선임자로서 포용심을 가지고 후임자에게 더욱 친절해야 한다. 또한 영업에서 실적이 뛰어나 회사에 이익을 줘도 목소리 높이지 말고, 일할 수 있는 회사가 있다는 사실을 명심하면서 늘 감사하는 마음을 가져야 한다.

이러한 물과 같은 인성을 지닌 사람이라면, 어디에서든 꼭 필요한 인재로 인정받을 것이다. 언제나 겸손한 자세로 주어진 자리에서 최선을 다해 일하나 보면, 작은 수고가 조금씩 모여 언젠가는 커다란 성공을 거두게 된다.

그렇게 될 때까지 그런 척을 하라!

'동양의 마키아벨리'라고 불리는 춘추 전국 시대의 법가 사상가 한비자가 쓴 글 중에 이런 구절이 있다.

"그 사람이 신하라고 해서 반드시 군주를 사랑한다 할 수 없고, 사람은 본래 이익을 중시하기 마련이다."

한비자의 말에서 보듯, 사람은 본래 자기 이익을 중시한다. 하지만 영업인이 이익을 얻으려고 물건을 팔려고 하는 속마음을 뻔히 들키면 계약을 성사시키기 어렵다. 그런 사람과 거래하고 싶은 고객은 한 명도 없기 때문이다. 그러므로 인간이기에 마음속으로는 자기 이익을 중시하더라도 '나는 고객에게 이익을 주는 사람이다' 라는 자세로 그런 '척'을 해야 한다.

어떻게 그런 일이 가능하냐고? 미국 드라마 〈에밀리, 파리에 가다(Emily in paris)〉에 보면 "Fake it till you make it"이라는 말이 나온다. '그렇게 될 때까지 그런 척을 하라'라는 뜻이다. 고객을 만날 때도 이익을 주는 척, 친절한 척, 자신감이 넘치는 척하다 보면 어느새 진짜 그렇게 된다. 그러니 아카데미 주연상을 받을 만큼 뛰어난 배우처럼 매일 연기하라!

알아둘 점은 이익을 가져다줄 것 같은 고객만 친절하게 잘 대하는 건 하수의 태도다. 고객은 항상 친절하고 겸손하며 상품 지식도 풍부하고 스마트하게 일 처리하는 영업인에게 상품을 구입하고 싶어진다는 것을 잊지 말아야 한다. 그러므로 초심을 잃지 말고 마음을 날마다 새롭게 리셋하여, 오늘 첫 출근한 사람인 '척', 프로 영업인인 '척', 고객에게 열과 성의를 다하라. 그러다 보면 언젠가는 정말 뛰어난 프로 영업인이 되어 있을 것이다.

내가 믿을 수 있는 상품을 판매하라

내가 경험한 수많은 직업 중 하나는 공인 중개소 컨설팅 회사 직원이었다. 모두 그렇지는 않겠지만 내가 몸담았던 회사는 신뢰가 가지 않는 곳이었다. 그 회사 사람들은 땅의 지번도 밝히지 않은 채 몇 천, 몇 억 원짜리 땅을 팔았다. 아무에게나 무작위로 연락해서 '싼 땅이 있다', '호재가 많아 곧 엄청나게 개발되어 땅값이 오를 거다'라는 식의 온갖 달콤한 말로 꼬셔서 통장에 계약금부터 입금하도록 유도했다. 이른바 '기획 부동산'이었다. 나는 처음 입사해 회사가 돌아가는 모습을 보고 적잖이 당황했다. 그리고 신뢰할 만한 곳이 아님을 깨닫고서 당장 퇴사했다. 내가 믿을 수 없는 물건을 남에게 팔 수는 없었기 때문이다.

영업을 잘하려면 자기가 판매하는 상품에 대한 강한 확신이 있어야 한다. 예를 들어, 만병을 낫게 하는 물을 판다고 가정해 보자. 만약 먼저 자기가 그 물을 마시고 오래 앓던 지병이 완치되었다면 환자들을 찾아가서 어떻게 설명하겠는가? 아마도 젖 먹던 힘까지 동원해 열정적으로 상품을 소개할 것이다. 그러나 반대로 백날 먹어도 전혀 효과가 없었다면 자신 있게 팔 수 있겠는가?

그렇듯 영업인은 자기가 믿을 수 있는 상품을 판매해야 한다. 즉, 자신에게 먼저 상품을 팔아야 한다. 그리고 상품에 푹 빠져 확신이 생긴 뒤에 고객을 만나야 강한 기와 에너지가 뿜어져 나와 거래를 성사시킬 수 있다. 자기도 믿지 못하는 상품을 남에게 속이고 파는 건 오래가지 못한다. 그러므로 스스로 사고 싶은 물건을 고객에게 당당하게 팔아라.

고객의 말을 경청하라

지인 중에 인성이 아주 좋은 언니가 있다. 그 언니는 모임을 같이하는 사람들과 놀러 가는 자리에 항상 김밥과 과일, 커피를 정성스레 준비해 온다. 남들은 빈손으로 와서 먹고만 가는데도, 간식 준비를 마다하지 않고 다른 사람들이 맛있게 먹는 모습에 행복해한다. 이처럼 인성이 좋은 사람들은 본인이 수고로운 일을 감수하는 배려심이 있다. 기껏 수고해놓고도 생색내는 말로 공로를 까먹는 사람도 있지만 훌륭한 인성을 갖춘 사람은 공로에 대해 말이 없다.

그런 사람은 대화할 때도 상대방을 배려하고 존중하며 진심으로 경청한다. 그래서 인성 좋은 사람과 만나서 대화하면 스스로 특별하게 느껴지고 존중받는 느낌이 들어 기분이 좋아진다. 왜냐하면 그들은 '리얼(Real)' 경청을 하기 때문이다. 경청(傾聽)을 풀이하면 '경'은 기울어진다는 뜻이고 '청'은 귀 이(耳)에 임금 왕(王), 열 십(十), 눈 목(目), 한 일(一), 마음 심(心)이 합쳐진 글자로, 두 글자가 모여서 '귀를 기울여 열 개의 눈, 한마음으로 잘 듣는다'는 뜻이 된다.

그렇듯 공인 중개소를 할 때 나의 특별한 무기는 경청이었다. 20대부터 60~70대까지 고객층이 다양했지만 어떤 고객을 만나도 배운다는 마음으로 한 명 한 명의 이야기를 허투루 듣지 않고 귀담아들었다. 특히 어르신 고객들과 각별한 관계를 쌓았는데, 함께 식사도 하고 찾아오시면 말벗이 되어주었다. 그렇게 꾸준히 공을 들였더니 그분들은 내 단골이 되었고 주변 친구들과 자녀 집까지 연결해주었다. 어떤 고객은 나와 내 딸의 이불까지 고급 제품으로 계절마다 선물해주고, 홍삼이며 온갖 좋은 물건들을 챙겨주기도 했다. 몸이 불편한 또 다른 고객은 손수 김밥을 싸서 내게 갖다줬는데 감사하면서도 한편으로 가슴이 찡했다.

이처럼 내 고객 중에서는 집을 100채 넘게 소유한 부동산 투자의 고수도 있고 가난한 취약 계층도 있었지만, 어떤 형편의 고객을 대하든 내 마음은 한결같았다. 그래서 고객들의 말을 진심으로 경청하면서 마음의 소리를 들으려고 했고, 그들의 일상에 관심을 보여서 행복감을 느낄 수 있게 했다. 그랬더니 고객들이 수시로 찾아와서 자신의 얘기를 들려주곤 했다. 하다못해 아침에 들러서 무슨 일을 하러 가는지 얘기하고, 저녁에 다시 들러서 어떤 일이 있었는지 얘기해주는 분도 있었다.

하루는 한 고객이 찾아와서, 아침 일찍 위내시경 검사를 받으러 병원에 갔는데 두 시간 동안 기다리느라 힘들었다고 했다. 그 말을 들은 나는 먼저 역지사지 생각법으로, 고객 입장을 헤아려보았다. 그런 다음, 고객이 아침에 했던 행동을 머릿속에 그려보았다. 그리고 고객이 말하지 않은 고충을 예상해보았다. 위내시경 전날 저녁부터 금식하느라 힘들었을 테고, 검사 결과에 대해 불안한 마음을 가졌으리라는 예상을 할 수 있었다. 나는 이 모든 것을 충분히 생각한 뒤에 고객의 고충과 수고를 깊이 헤아려주며 이렇게 이야기했다.

"아휴, 아침 일찍부터 검사하러 가는 것도 힘든데 두 시간 대기까지 했으니 정말 고되셨겠어요. 결과는 어떻게 나왔나요? 어제저녁부터 금식하느라 고생하시고, 또 검사 앞두고 무슨 일이 있지 않을까 두렵고 긴장되셨지요? 그래도 검사 잘 마치고, 건강하다는 결과를 받아서 참 다행이고 감사하네요. 식사는 속이 편안하고 맛있는 죽으로 드세요."

이처럼 나를 찾아와준 고객의 말을 진심으로 경청함으로써 그의 감정과 상황을 헤아리고, 그가 하는 말의 숨은 뜻과 듣고 싶어하는 말을 파악해 그대로 해주어 고객을 만족시킬 수 있었다.

핵심은 소통이다!

제너럴 일렉트릭(General Electric Company) 사를 세계 최고의 기업으로 이끈 잭 웰치(Jack Welch)의 명언 중에 "경영은 소통, 소통, 또 소통이다"라는 말이 있다. 고객과 소통하려면, 고객의 말을 잘 경청해 그 말 속에 숨은 메시지를 파악하고 그 뜻을 알아주고 공감해주어야 한다. 고객이 말을 많이 할 수 있도록 질문을 던지고, 그를 대화의 주인공으로 만들어주어야 한다. 그렇게 센스 있게 그의 말 속의 담긴 마음과 의도를 알아주면 고객은 기분이 좋아지고 '이 사람하고는 소통이 아주 잘 돼'라고 생각하게 된다.

또한, 소통을 잘하기 위해선 배려를 해야 한다. 오늘날 많은 구급차 앞에 'AMBULANCE'라는 글자가 거꾸로 적혀 있다. 앞서 가는 차량의 운전자가 사이드미러나 백미러를 보고 구급차임을 바로 알아볼 수 있도록 배려한 것이다.

영업인 또한 고객을 배려하는 대화를 할 줄 알아야 한다. 그러려면 고객이 알아듣기 편한 용어를 사용하고 고객의 감정과 목소리 톤, 말의 속도와 억양에 맞춰야 한다. 그리고 고객의 페이스에 맞추어 최대한 적극적으로 경청하고 공감하며 고객의 자세나 행동에 따라 리액션을 해주는 배려도 필요하다.

덧붙여, 고객이 기분 좋게 대답할 수 있는 질문을 해야 한다. 가령 고객이 자랑스러워 하는 부분이나 관심을 가지는 분야를 물어보고, 판매하려는 상품에 대해 긍정적으로 생각하는 부분과 그 이유를 질문해 그 점을 자연스레 강조하고 상기시키면 좋다. 그렇게 함으로써 고객이 최대한 좋은 기분으로 대화를 하도록 이끌고, 영업인과 소통이 잘되어서 즐거웠다는 느낌을 강렬하게 심어주어야 한다.

듣는 태도도 당연히 중요하다. 아무리 말을 잘해도 상대방의 말을 듣는 태도가 거슬리면 말짱 도루묵이다. 고객과 대화를 나누는 동안에는 딴청을 피우거나, 도중에 통화를 길게 하거나, 말을 자르거나, 웃을 지점이 아닌데 실실 웃거나, 바쁜 티를 내거나 이유없이 맞장구를 치거나 등의 행동을 하지 말아야 한다. 바른 자세로 집중해 들어주고, 고객의 감정 변화를 거울처럼 따라하며 호응해주어야 한다. 고객이 상품에 대해 중요하게 생각하는 지점을 말할 때에는 메모를 하는 성의를 보이는 것도 좋다

이렇게 하면 고객은 소통이 잘되어 마음이 시원해지고 감동과 고마움까지 느끼게 된다. 그리고 영업인을 아군으로 느끼고,

물건을 구입할 뿐 아니라 더 많은 판매를 할 수 있도록 해주는 조력자가 된다. 그러므로 소통이야말로 고객의 마음을 열고 평생 단골이 되게 하는 마스터키다. 또한 바른인성은 인간으로써 지닌 가장 훌륭한 가치이다. 영업 또한 가장 훌륭한 가치는 정직이다. 애플 사의 창업자인 스티브 잡스(Steve Jobs)는 다음과 같은 말을 했다.

"위대한 목수는 아무도 보지 않는다고 해서 장롱 뒤에 질이 나쁜 목재를 사용하지 않는다."

백조처럼 헤엄치다가 기회를 잡는 법

인생은 타이밍이다

성공적인 인생을 살려면 '때', 즉 타이밍을 잘 잡아야 한다. 사랑도 일도 투자도 모두 타이밍이 성패를 가른다. 그러기 위해선 감을 잘잡아야 한다. 그러면 '감'은 어떻게 해야 생기는 것일까? 마치 근육을 키우듯 꾸준한 시도와 경험으로 생긴다. 고기도 먹어본 사람이 맛을 안다고, 좋은 타이밍도 경험을 많이 쌓은 사람만이 알 수 있다. 부동산도 많이 사고팔아 봐야 좋은 물건을 살 타이밍을 알 수 있고, 연애도 많이 해봐야 자기 짝을 만날 타이밍을 안다.

영업도 마찬가지다. 다양한 고객을 만나보고 숱한 거절과 판매를 경험해본 뒤에야 '바로 이때다' 하고 상품을 판매할 타이밍을 알게 된다. 이처럼 타이밍을 잘 잡으려면 한 분야에 지속적인 경험을 쌓아야만 한다. 말콤 글래드웰(Malcolm Gladwell)이 쓴《아웃라이어(Outlier)》(김영사, 2009)에는 '1만 시간의 법칙'이 나온다. 그것은 한 가지 일에서 큰 성과를 거두기 위해서는 최소 1만 시간의 학습과 경험을 통한 사전 준비 또는 훈련이 필요하다는 법칙이다. 이처럼 가장 좋은 타이밍을 잡으려면 한 분야에 오랜 시간을 투자해야 한다. 매일 새로운 해가 뜨듯 날마다 나에게도 새로운 기회가 찾아올 거라는 긍정적인 마음가짐으로 꾸준히 경험을 쌓다 보면 어느 순간, 최적의 타이밍이 찾아온다.

감 잡은 백조처럼

신념이란 '굳게 믿는 마음'을 뜻한다. 즉, 어떤 것에 대해 비교적 오랜 시간에 걸쳐 알게 모르게 형성된 생각과 의식 같은 관념으로서 스스로 만들어낸 심리적인 믿음이라고 할 수 있다. 이러한 신념이 영업을 할 때 물건을 파는 기술이나 지식보다 더 중요하게 작용한다. 그렇다면 어떻게 해야 자기 자신에 대한 굳은 신념을 가지고, 마치 감 잡은 백조처럼 여유롭게 영업을 할 수 있을까?

그 방법은 생각을 긍정적 주파수에 맞춰서 무한한 동력을 공급받는 것이다. '이미 나는 영업의 신이다'라는 굳은 신념을 가지고 그럴 수밖에 없는 이유를 매일 하나씩 수첩에 적다 보면 근거 없던 자신감이 어느덧 근거 있는 자신감이 된다. '난 친절해서 영업을 잘해', '난 꼼꼼한 성격이라 영업을 잘해' 하는 식의 목록을 쓰다 보면 자신의 장점을 잘 알게 되고 그에 따라 자연스레 자신감이 생겨나는 것이다.

이미 자신이 최고라는 생각을 가지면, 아등바등하지 않게 되고 여유가 생긴다. 그러한 마음자세로 최고에 걸맞는 능력을 갖추기 위해 노력해야 한다. 또한 핸드폰 충전기를 콘센트에 꽂아야 충전되고, 약을 먹어야 낫는 것처럼 행동하지 않으면 밝은 미래를 기대할 수 없는 것이다. 그러므로 공부와 실천, 실패, 다시 공부, 실천하기를 1만 시간 동안 그릿(grit) 즉, 투지와 끈기, 불굴의 의지를 갖고 반복하다 보면 성공의 감을 잡게 된다. 비로소 여유 넘치는 아우라를 지닌, 감 잡은 백조가 된다. 또한 스스로를 백조처럼 바라봐야 진정한 백조가 된다.

타이밍을 잡기 위한 3가지 행동 지침

피부 관리실을 운영할 때 일이다. 갑자기 소문이 나서, 인근 은행 몇 군데 직원들과 초중고 교사들이 관리실에 찾아왔다. 거기에다 아침에 에어로빅을 하는 팀들이 운동 후에 우르르 몰려와서, 식사도 제때 못하고 계속 일을 해야 했다. 그리고 이 고객들이 다시 지인들을 소개해서 항상 관리실에 사람들이 넘쳤다. 장사가 갑자기 너무 잘되어서, 돈을 책상 서랍 곳곳에 넣어야 할 정도였다. 하지만 피부 관리라는 일이 겉으로는 여유로워 보여도 육체적, 정신적, 감정적인 노동이 뒤따라서 에너지 소모가 엄청난 일이다. 그래서 백조처럼 우아해 보여도 쉴 새 없이 발버둥을 쳐야만 한다. 하루는 아침부터 손님이 많아서, 소고기 3인분을 먹어도 모자랄 판국에 계속 굶고 일을 했더니 기운이 쭉 빠져서 손아귀에 힘이 안 들어가고 손목이 헛돌았다. 설상가상으로 온종일 고개를 숙이고 일한 탓에 어깨가 그대로 굳어서 펴지질 않았다.

순간 '이러다 쓰러지는 거 아닐까'라는 아찔한 생각이 들었다. 정신까지 마취한 듯 혼미해져갔지만 고객들이 베드에 쫙 누워 있는 상황이어서, 간신히 고개를 숙인 채로 관리를 다 마치고 응급실로 직행했다. 그렇게 몸의 위기를 겪은 뒤에 그 일을 전화위복으로 삼아, 전략을 바꾸었다. 그리고 그 후로는 우아하고 여유로운 백조처럼 일할 수 있었다. 내가 취한 전략은 바로 시간을 현명하게 활용하는 것이었다. 그 3가지 행동 지침은 아래와 같다.

주변부는 버리고 핵심에만 집중하기

피부 관리실은 잡무부터 일거리가 끝이 없는 업종이다. 출근하면 수건 빨래와 청소 같은 세세한 부분부터 피부 관리에 필요한 재료 준비와 전화 응대, 고객 상담, 화장품 판매까지 수많은 일이 쌓여 있었다. 그래서 나는 업무 시스템을 생산적으로 간소화하기로 마음먹었다.

우선 수건과 이불 세탁은 전문 업체에 위임하고, 피부 관리 기계를 도입해 손으로 관리하는 시간을 줄여서 식사 시간을 확보했다. 또한 팩을 손수 만들어 붙이고 15~20분 후에 닦아내는 대신에, 한번 붙여두면 저절로 영양분이 흡수되는 팩으로 바꿔서 노동 시간을 설삼했다. 그리고 중요한 신규 상담과 특별 고객 관리만 내가 하고, 나머지 일은 직원들을 고용해서 맡김으로써 일하는 시간을 줄였다. 그리고 남은 시간에 외부 마케팅과 강의, 고객 관리를 했다. 또한 대학교 평생교육원에서 경영과 피부 관리를 배우고 지역에서 각종 활동을 하면서 지식과 인맥을 넓혀갔다. 이처럼 시간과 육체적, 정신적, 감정적 소모를 최대한 줄여서, 가장 중요한 경영과 홍보, 관리, 자기계발에 집중할 수 있도록 했다.

하루 업무를 마친 뒤 자기 전에는, 하루 일과를 돌아보며 반성할 점과 보완할 점을 메모하고 다음 날 스케줄 중 가장 핵심적인 일 3가지를 메모했다. 그리고 아침에 일어나 오전 중에 그 일들을 가장 먼저 실행했다. 일뿐만 아니라 시간과 감정도 허투루 소모되지 않도록, 중요한 일 처리와 만남 외에는 불필요한 일과 모임을 자제했다. 이처럼 핵심에 집중했더니 과중한 업무에서 해방되고 시간과 감정의 자유를 누릴 수 있었다.

흐름을 탐색하며 끊임없이 업그레이드하기

백조는 힘들게 발을 움직이면서도 물 위에서는 유유자적(悠悠自適) 주변을 탐색한다. 그 모습처럼 나 역시도 고되게 일하면서도 그 상황에 매몰되지 않고 전체 숲을 보고 흐름을 파악하려 노력했다. 오감을 열고 촉을 곤두세워 항상 지금보다 나아질 타이밍을 잡으려 했다. 일을 하면서도 귀를 쫑긋 세우고 고객이 들려주는 작은 정보 하나라도 놓치지 않았고, 좋은 것은 바로 실행해 나를 업그레이드할 계기로 삼았다. 예를 들어, 누군가가 '소상공인시장진흥공단에서 중소기업 간판을 무료로 해준다'고 하면 즉시 알아보고 지원을 받았고, 어느 고객이 요즘 어떤 피부 관리법이 핫하다고 하면 바로 알아보고 관리법을 도입했다. 이런 식으로 전체 흐름을 탐색하며 사업장에 도움이 될 만한 것이라면 바로 실행해 끊임없이 업그레이드했다.

끊임없이 배우고 시도하기

세계적인 베스트셀러 작가인 스티븐 킹(Stephen King)은 이런 말을 했다.

"아마추어는 앉아서 영감을 기다리지만 진짜는 그 시간에 일어나 무언가를 한다."

아마추어는 '언젠가는 나도 잘할 거야' 하며 기회를 무작정 기다리지만, 프로는 당장 행동에 나선다. 만약 1억 원을 모으는 게 목표라면 경제 공부를 하고, 오늘부터 100원이라도 저축하는 행동을 해야 한다. 사업에 성공하고 싶다면 구체적인 목적을 갖고 그에 따른 목표를 세우고 행동해야 한다. 마찬가지로 성공하고 싶다면 왜 성공하고 싶은지 명확한 목적의식을 가진 뒤, 그것을 이루기 위한 방법을 모색해 조금씩이라도 시도해보는 게 중요하다. 나는 처음 피부 관리실을 열었을 때 아무것도 몰랐다.

팩을 한 뒤에 제대로 못 닦아서 고객의 눈과 입에 들어가는 바람에 욕을 먹은 적도 있었다. 그러나 끊임없이 배우고 시도하고 노력해 억대 매출을 이루었다. 그러기 위해서 잘하는 직원을 고용해 배우기도 하고, 전단지를 들고 거리로 나가서 발로 뛰며 홍보하기도 했다. 이처럼 고객에게 최선을 다하고 사업장 시스템을 효율적으로 업그레이드하려고 노력한 결과, 좋은 성과를 거둘 수 있었다.

또한 배우는 일도 쉬지 않았다. 사업과 관련된 공부를 해야 자신감도 향상되고, 고객에게 질 좋은 관리를 해줄 수 있다는 확신이 들었기에 각종 기관에서 끊임없이 공부하며 여러 자격증을 취득하기도 했다. 또한 '멈추면 죽는다. 움직이면 성장한다', '초심을 잃고 자만하면 바로 내리막길이다. 초심과 겸손함을 잃지 말자'라는 마음으로 뭐든지 열심히 배우고 시도했다. 그 결과, 사업장은 계속 확장했고 성공적으로 운영하다 가치를 최대치로 높여 제법 높은 가격에 매도할 수 있었다.

골든 타이밍을 미리 예약하라

구약성서 전도서 7장 4절에 "지혜로운 사람의 마음은 초상집에 가 있고 어리석은 사람의 마음은 잔칫집에 가 있다"는 구절이 있다. 지혜로운 사람은 '메멘토 모리(Memento Mori)' 즉, 자신의 죽음인 '끝'을 기억하고 산다는 뜻이라고 생각한다. 이처럼 피겨스케이팅에서 가장 중요한 것이 점프 후의 끝이 안정적인 착지인 것처럼 고객과의 만남도 끝마무리가 중요하다. 왜냐하면 거래를 한 번으로 그치지 않고 계속 이어지게 하는 타이밍은 고객과 만나고 헤어지는 끝마무리에 달려 있기 때문이다.

영업인은 고객에게 상품을 판매했든, 판매하지 못했든 '이 사람과는 여기까지'라고 선을 긋지 말고, 다음을 기약해야 한다. 나는 공인 중개소를 운영할 때 계약하고 잔금 치르고 이사한 고객을 이젠 수수료 받았으니 볼일 끝 난 사람으로 보지 않았다. 그때부터 그 고객과 진짜 인연이 시작된다고 여기고 휴지나 과일, 화분 등을 선물로 사 주면서 '골든 타이밍'을 미리 예약했다.

그러면서 긍정적이고 창조적인 말로 "고객님, 부자 되세요. 나중에 세를 놓거나 매매하게 되면, 저희 중개소에 꼭 연락 주세요"라고 말했다. 그런 말과 행동으로 고객의 마음에 우리 중개소를 확실히 각인시켰다. 이것이 골든 타이밍을 예약하는 방법이다. 설령 고객이 다른 데서 계약하더라도 "너무 잘됐네요. 고객님이 원하는 집을 찾은 것 정말 축하드려요. 잘 사시다가 집을 세놓으시거나 매매할 때 꼭 연락 주세요" 하면서 좋은 이미지를 심어주고 골든 타이밍을 예약했다.

피부 관리실을 운영할 때에는 늘 긍정적인 태도로 골든 타이밍을 예약했다. 고된 일로 힘들 때도 많았지만, 겉으로는 항상 여유로운 백조처럼 행동했다. 만약 손님이나 지인이 "사업은 어떠세요?" 하고 물으면 "덕분에 아주 잘되고 있어요" 하고 밝게 웃으며 긍정적으로 대답했다. 그것은 일거양득 작전이었다. 잘된다고 말함으로써 군중 심리를 자극해 더 많은 손님이 오도록 유도하고, 잘 운영하다가 추후에 가장 좋은 가격에 사업체를 매매하기 위함이었다. 이러한 전략은 잘 맞아떨어졌다. 오픈하는 피부관리실마다 전부 성공적으로 운영하다가, 최고의 조건으로 매매할 수 있었다.

또한 골든 타이밍을 예약하지 않고 바로 잡을 때도 있었다. 텔레마케터 할 때 일이다. 마치 물고기가 찌를 물면 낚싯대가 흔들리듯, 통화할 때 고객의 목소리 톤이 올라가면서 달라지는 순간이 있다. 그러면 '이때다' 하고 고객이 관심을 보이는 부분을 집중 공략해서 판매를 하였다.

그리고 고객을 직접 만나서 보험이나 화장품, 정수기 등을 판매하는 경우, 골든 타이밍을 잡는 방법은 이러하다. 우선 고객의 행동을 관찰해야 한다. 상품에 관심이 있는 고객은 팸플릿을 자세히 보거나 상체를 살짝 앞으로 숙이고 집중해서 듣는다. 눈빛이 또렷해지고 생각하는 표정을 짓다가, 궁금한 부분을 질문하면, 그때가 바로 골든 타이밍이다. 그 기회를 놓치지 않고 궁금해하는 부분을 집중 설명하면 상품을 판매할 수 있다. 소심한 고객에게는 염려되는 부분을 미리 알아차리고 설명해 충분한 신뢰를 주어 거래를 성사시키고, 반대로 성격이 시원시원한 고객은 인정해주면서 혜택을 중점적으로 강조해 상품을 판매하면 된다.

이처럼 영업의 타이밍은 고객을 만나기 전에 통화를 하거나 문자를 보내는 순간부터 고객과 만나고 헤어지는 순간까지 모두 포함된다. 즉, 시작과 끝까지 전부가 중요하다. 그러기에 매 순간 집중하다 보면 그 속에 골든 타이밍이 숨어 있다. 이처럼 영업은 골든 타이밍을 잡는 게임이다.

〈성공하는 백조가 되기 위한 5계명〉

- 상황을 보지 말고 목적지를 바라보고 전진할 것
- 목표는 작게 행동은 크게 할 것
- 눈앞에 보이는 작은 일부터 최선을 다할 것
- 작은 성취를 맛보는 루틴을 만들 것
- 모든 일은 전화위복이 될 수 있음을 믿을 것

2장

행동의 시너지를 불러일으키는 법

목표를 정하면
행동은 따라온다

먼저 자기 자신을 알라

고대 그리스 철학자 아리스토텔레스(Aristoteles)는 삶의 목표는 행복이라고 정의했다. 하지만 사람은 저마다 다른 목표를 가지고 산다. 자신이 속한 환경, 일하는 분야, 가지고 있는 비전과 가치관 등 다양한 요소에 따라 인생의 목표를 설정한다. 그러나 모든 사람이 목표를 세울 때 유념해야 할 것이 있다. 먼저 자기 자신이 누구인지 분명히 알고 목표를 정해야 한다는 점이다. 동물에 비유하자면 자기가 바다에 사는 물고기 같은 존재인지, 하늘을 날아야만 하는 새 같은 존재인지, 새 중에서도 독수리인지 닭인지를 파악해야 한다.

자기가 무엇을 좋아하고 어떤 조건에서 행복을 느끼는지 알아야 삶의 목표를 바르게 정할 수 있다. 과연 독수리가 닭장에서 행복하게 살 수 있을까? 아무리 좋은 모래를 깔아놓은들, 최고급 모이를 준들 독수리는 기쁘지 않을 것이다. 왜냐하면 독수리는 하늘을 훨훨 날아야만 하는 천성을 지녔기 때문이다. 그렇듯 사람도 아무리 좋은 직업을 가졌다 해도 본인이 누구인지 모르는 채 일한다면 행복하지 않을 것이다.

그러므로 스스로의 성향과 지향점을 깨닫고 그에 따라서 알맞은 삶의 목표를 정하는 것이야말로 사람이 살면서 이뤄야 하는 목표 1순위다. 그래서 심장을 뛰게하고 설레게 하여 계산기를 두드리지 않고 바로 돌진할 만한 목표를 가져야 한다. 그리고 그 목표를 알기 위한 여정은 바로 자기 자신의 정체를 바로 아는 데서 시작한다.

목표를 바르게 정하고 날마다 실행하라

먼저 자기 자신을 파악하고, 그에 따라 제대로 된 목표를 정한 뒤 실행에 옮기는 방법을 소개하고자 한다.

첫 번째, 삶에서 가장 중요하게 여기는 것들을 노트에 써본다. '일', '경제', '인간관계', '건강', '여가' 이 5가지 중에서 가장 중요하다고 생각하는 순서대로 쓴다. 이때 맨 먼저 적은 것이 자신이 가장 중요하게 여기는 것이라고 보면 된다. 만약 인간관계를 제일 먼저 적었다면 당신은 사람 사이의 의사소통과 연결을 가장 중요시하는 사람일 것이다.

두 번째, 자신이 가장 중요시하는 것과 연관된 정확한 목표와 기한을 정한다. 구체적인 목표를 정하기 전에, 왜 그것을 하고 싶은지 언제까지 할 것인지 이룬 뒤에는 또 어떻게 할 것인지 생생하게 떠올리며 글로 써본다. 그런 뒤에 실현 가능한 목표와 기한을 정한다. 예를 들어 '건강'을 가장 중요시하는 사람이라면 '어떻게 하면 건강한 몸을 만들까?'를 먼저 생각해야 하고, 만약 비만이라면 과체중을 줄이는 데 중점을 두고 명확한 목표를 정하고 기한을 못 박아두는 것이다.

세 번째, 목표 달성을 위한 실천 계획을 세세하게 정한다. 만약 2022년 12월 31일까지 10킬로그램 감량을 목표로 잡았다면 마지막 날부터 오늘까지 역순으로 계산해서 앞으로 한 달, 일주일, 하루에 감량할 정도를 정확히 계산한다. 그리고 당장 오늘부터 다이어트를 위해 언제 몇 시에 몇 킬로미터를 뛸지 정한다. 또는 식단을 바꾸고 섭취량을 구체적으로 줄일 목표치를 집 곳곳에 붙이고, 그 옆에 이미 꿈을 이룬 롤 모델의 모습을 붙여놓는다. 이렇게 하면 동기부여에 도움이 된다.

위의 방법대로 목표를 정한 뒤에는, 날마다 수시로 목표를 달성한 자신의 모습을 상상해보면서 이미 목표가 이루어진 듯 행복한 기분을 충분히 느끼도록 한다. 만약 올림픽에 출전해 금메달을 따는 것이 목표인 운동 선수라면, 메달을 딴 뒤의 삶을 상상하면서 그 이후 어떻게 살고 싶은지 생각해보는 시각화(visualization)를 하는 것이다. 이처럼 머릿속으로 행복한 상상을 하되, 그러한 미래를 이루기 위해 오늘 당장 할 일을 디테일하게 계획을 세워서 실행에 옮겨야 한다. 작은 행동이 모여 큰 성취를 이루어냄을 꼭 기억하자.

버릴 목록, 실천할 목록

나는 효과적인 목표 달성을 위해 2가지 목록을 작성했다. 바로 '버릴 목록'과 '실천할 목록'이다. 만약 '건강'을 중요하게 여겨 체중 10킬로그램 감량을 목표로 정했다면, 이 목표를 달성하기 위해 버려야 하는 것, 실행해야 하는 것을 목록으로 만들어 그대로 실천했다.

〈버릴 목록〉

- 식탁, 냉장고, 집안 곳곳에 있는 간식들
- 배달음식점 전단지 및 핸드폰에 저장되어 있는 배달 앱
- 엠티 칼로리 푸드(술, 설탕 등)와 정크 푸드(과자, 초콜릿 등)
- 불필요한 저녁 약속
- 튀기거나 볶는 조리법
- 구독 중인 먹방 유튜브 채널

〈실천할 목록〉

- 체지방 체크
- 건강·운동 유튜브 채널 구독, 시청
- 운동하는 사람 에스엔에스(SNS) 팔로잉
- 하루 다섯 컵 수분 섭취
- 단백질, 고섬유질, 과일, 채소 위주로 식단 변경
- 공복을 견디게 해줄 행동(양치, 껌 씹기 등)
- 다이어트 모임 가입(습관 형성해 상금 받는 앱 가입)
- 생활 반경 곳곳에 원하는 몸매 사진 붙이기
- 운동 시간 알람 설정
- 헬스클럽 등록

이런 식으로 버릴 목록과 실천할 목록을 작성하면 목표를 이루는 데 큰 도움이 된다. 여기에 덧붙여 '생각 환경'을 조성하는 것도 중요하다. 방법은 간단하다. 가령 야식을 먹고 싶은 유혹이 들 때, 기름이 뚝뚝 떨어지는 지방 덩어리가 그대로 뱃살이 되는 장면을 떠올리는 식이다. 그러면 훨씬 행동을 컨트롤하게 된다.

누구나 처음에는 새로운 습관을 들이는 것이 어렵다. 미국의 의사 맥스웰 몰츠(Maxwell Maltz)는 습관을 바꾸려면 최소 21일 동안 행동을 지속해야 한다고 했다. 하지만 식사량이 모두 다르듯 습관이 형성되는 기간도 사람마다 다르고, 새 습관을 받아들이는 능력도 저마다 다르기에 성급한 마음을 가지거나 무리해서는 안 된다고 생각한다. 늘 꿈꾸던 목표가 있는가? 그렇다면 오늘 당장 버릴 목록과 실천할 목록을 정하고, 실천하도록 하자. 그리고 1가지씩 실행에 옮길 때마다 '잘했어! 최고야! 오늘도 성공이야!' 하고 스스로 작은 칭찬과 보상을 해주자. 만약 실패했더라도 '괜찮아. 처음이라 그럴 수 있어. 당연해. 그래도 잘했어!' 하며 다독여주고 다시 새롭게 시작한다고 생각하고 실천하면 된다. 무슨 일이든 도중에 포기만 하지 않으면 반드시 해낼 수 있다.

미국에 가고 싶어서 텔레마케터 1위가 되었다

2000년 딸아이가 초등학교 5학년이 되었을 때, 나는 딸과 함께 미국 여행을 가겠다는 목표를 정했다. 당시 내가 그런 목표를 가지게 된 것은 딸과 평생 남을 좋은 추억을 만들고, 딸이 중학교에 들어가기 전에 넓은 세상을 보여주고 싶었기 때문이다. 이러한 것들을 이루기에 가장 알맞은 곳이 미국이었다.

목표를 정하고 나서는 그것을 이루기 위한 방법을 파이 쪼개듯 재설정했다. 시기는 딸의 겨울 방학이 시작되는 12월로 정하고, 기간은 한 달로 잡았다. 남은 일은 가장 중요한 '여행 경비 모으기'였다. 그즈음 '월 수입 300만 원 보장'이라는 텔레마케터 구인 광고를 보았고, 그길로 업체를 찾아갔다. 월 300이니, 다섯 달만 일하면 여행 경비를 얼추 벌 수 있으리라는 계산이 나왔다.

하지만 막상 시작하자, 일이 생각대로 풀리지 않았다. 한 달이 다 되도록 한 건도 계약을 못 했다. 날마다 관리자가 눈치를 주었고, 화장실 가는 것조차 자리를 자꾸 비우지 말라며 뭐라고 했다. 내가 능력이 부족해서 민폐를 끼치는 것 같아 자존감이 뚝뚝 떨어졌다. 거기에다 욕까지 퍼붓는 고객까지 걸리는 날이면 샌드백 신세라는 생각에 당장 그만두고 싶었다.

하지만 그때 심호흡을 하고 나는 차분히 2가지 질문을 던졌다.

'지금 포기한다면 어떻게 될까?', '목표를 이룬 후 딸과 미국에 다녀오면 기분이 어떨까?' 두 상황을 떠올려보았더니 마음이 명쾌해졌다. 또한 미국에 가서 조카 결혼식도 보고 멋진 명소도 가고 맛있는 음식도 먹을 상상을 하니 기분이 좋아졌다. 그래서 정신을 새롭게 가다듬고, 여행 계획을 구체적으로 세우기 시작했다. 그리고 목표를 이룬 것처럼 일단 비행기표부터 샀다. 그렇게 일을 저지르고, 행동할 수밖에 없도록 환경을 조성했다.

그런 뒤에는 목표 달성을 위해서 버릴 목록과 실천할 목록을 작성했다. 버릴 목록에는 회비 나가는 저녁 모임, 늦잠, '안 된다', '못 한다', '이 일에 맞는 체질이 아니다', '그만두고 싶다'라는 부정어, 게으름, 두려움 등이 있었다. 반면에 실천할 목록에는 거절 고객 재통화하기, 매일 몸과 마음을 새롭게 하기, 체력 향상을 위해 운동하기, 좋은 에너지를 주는 음식 먹기, 영업 관련 스터디하기, 내 녹취 듣고 분석하기, 우수 동료 콜 듣고 쓰고 벤치마

킹하기, 최상의 컨디션을 위해 일찍 자기, 발음 연습하기, 판매 상품 공부하기, 일기 쓰기 등이 있었다. 여기에 틈틈히 미국 여행 계획 짜기도 추가했다. 그 항목 아래에는 여행 기간, 항공료, 방문할 곳(오빠와 친구 집), 친구 부모님 댁에 선물할 품목, 예상 환전 금액, 장시간 비행할 때 필요한 수면 유도제, 소화제 같은 의약품 등과 같이 소소한 것까지 아주 구체적으로 적었다. 그러고 나서 목록대로 실천하기 시작했다.

그랬더니 고작 10만 원이던 기본 실적이 한 달 만에 250만 원을 찍게 되었다. 사무실에서 실적 1등을 하고 박수를 받았으며, 내가 고객과 나눈 통화가 모범 사례로 뽑히기까지 했다. 이후 나는 계획대로 한 달간 딸과 미국 여행을 아주 즐겁고 행복하게 다녀왔다. 이 모든 일은 구체적으로 목표를 정하고, 이미 이루어진 것처럼 믿고, 저지르고, 행동했기에 이뤄진 일이었다.

20퍼센트의 가능성만 있다면 시작하자!

이탈리아 경제학자 빌프레도 파레토(Vilfredo Pareto)가 주장한 '파레토의 법칙'은 사회의 핵심 구성원 20퍼센트가 전체 가치의 80퍼센트를 차지하고, 나머지 구성원 80퍼센트는 남은 가치 20퍼센트를 놓고 경쟁한다'는 개념이다. 이후 사회 현상의 80퍼센트는 20퍼센트로 인해 발생한다는 경험 법칙으로 통용되고 있는데, 이 법칙을 목표를 정하고 실현하는 데에도 적용할 수 있다.

그 방법은 다음과 같다. 먼저, 내가 성취하고 싶은 목표를 현재 상황에서 몇 퍼센트 정도 이룰 수 있는지 살펴본다. 만약 그 정도가 20퍼센트 이상이라면, 당장 목표 달성에 나선다. 20퍼센트의 위대한 힘을 믿는 것이다. 일단 첫걸음을 뗀 뒤에 매일 노력하면서 성취 가능한 정도를 30퍼센트, 50퍼센트씩 늘려가다 보면 어느새 목표 지점에 골인할 수 있다. 물론 그 과정은 결코 쉽지 않다. 번아웃(burnout)도 오고 너무 힘들어 포기하고 싶은 마음도 수차례 들 것이다. 하지만 괴롭고 고단한 여정이 목표로 나아가는 과정이라고 생각하고 계속해나가야 한다. 건물 하나를 짓는 일을 떠올려보자. 건물을 지으려면 명확한 설계도와 많은 돈, 시간, 노동력 등이 필요하다. 어떠한 건물을 짓겠다는 목표를 설정했다면 날마다 벽돌을 나르며 땀 흘리는 노동을 해야 한다.

비가 오나 눈이 오나 쉬지 않고 일해야 자기가 꿈꾸었던 건물을 가질 수 있다. 이처럼 목표 달성이라는 큰 기쁨을 얻으려면 고통도 감내해야 한다. 하루에 수십 번씩 넘어지면서도 다시 일어나 아장아장 걸음마를 하는 아기처럼 꾸준히 노력하다 보면 어느새 목표 지점에 이를 수 있게 된다. 꿈을 이루기 위해 가장 중요한 것은 실천이다. 오늘 당장, 내 삶의 벽돌 한 장이라도 나르자. 애니메이션 영화 〈벅스 라이프(A Bug's Life)〉에는 이런 말이 나온다. "이 작은 씨앗 안에 큰 나무가 될 수 있는 모든 게 있단다. 단지 시간이 조금 필요할 뿐이야."

긍정 바이러스를 전염시켜라

이 일이 행복을 가져다줄 거야!

2019년 12월에 처음 발생한 코로나19 바이러스는 그로부터 2년이 지난 지금까지도 전 세계에서 기승을 부리고 있다. 이 바이러스는 유독 전염성이 강하고 변이가 빨라서, 사람들은 마스크를 착용하고 거리두기를 유지하고 있다.

나는 코로나 사태를 보면서 이런 생각을 했다. 긍정 바이러스가 이처럼 전염성이 강해 사람들에게 빨리 퍼진다면 얼마나 좋을까! 긍정 바이러스는 사람들을 긍정적으로 변화시키고 삶에 활력을 넘치게 하고 건강하게 만든다. 그렇게 긍정 바이러스가 사람들에게 퍼져나가는 생각을 하면 상상만으로도 행복해진다.

긍정 바이러스를 퍼뜨리는 일은 사실 그리 어렵지 않다. 각자 있는 자리에서 맡은 일을 하면서도 언제든지 긍정 바이러스를 퍼뜨릴 수 있다.

먼저 자기 자신에게 긍정 바이러스를 전염시키자. 그래서 어떤 일을 시작할 때 '이 일은 나에게 행복을 가져다줄 거야!' 하고 생각하면 긍정 바이러스가 온 마음과 몸에 퍼진다. 그런 자세로 일하면, 일도 사람도 자석처럼 저절로 와서 붙게 마련이다. 일에 대한 능률도 쑥쑥 올라가게 된다. 반면에 '이 일은 나를 힘들게 하고 괴롭게 한다'고 생각하면 부정 바이러스가 퍼져 정말 괴로워진다. 그러면 일도 제대로 풀리지 않고 몸과 마음도 함께 힘들어지게 된다. 이처럼 생각과 마음 자세가 모든 것을 좌우하므로, 매사 긍정 렌즈로 보는 습관을 들이는 게 유익하다.

일은 우리 삶에서 중요하다. 우리의 몸과 마음에 활력을 불어넣고 생활을 풍요롭게 해주기 때문이다. 어차피 해야 하는 일이라면 긍정적이고 역동적인 자세로 해야 한다. 긍정은 긍정을 끌어당기기에, 긍정적인 사람 주위에는 긍정적인 일과 사람들이 모이게 된다. 또한 자주 감사하는 마음을 가지면 엔돌핀보다 4,000배 강력한 다이돌핀이 나와서 우리 몸의 면역 체계를 튼튼하게 만들어준다고 한다. 그래서 건강한 몸과 마음으로 일도 취미 생활도 즐겁게 할 수 있고, 안정된 노후 기반도 마련할 수 있게 된다. 내가 세상에 많은 직업 중에서 영업 일을 선택한 이유는 무엇보다 노력한 만큼 정직한 보상이 따르는 일이기 때문이다. 나는 좋은 상품을 파는 일이 사람들에게 도움을 주는 매우 가치 있는 일이라고 생각한다. 사람을 귀찮게 하거나 아무나 쉽게 할 수 있는 일이라고 결코 생각하지 않는다. 이처럼 일에 대한 긍정적인 마음 자세는 내가 지금까지 일을 계속할 수 있도록 돕는 최고의 동력이자 신념이 되었다.

가치 있는 일을 한다는 자세로 영업하라

영업하는 사람이 스스로 자신의 직업에 대해 긍정적인 생각을 가지면, 고객을 대하는 태도가 바뀐다. 그래서 '나는 사람들을 돕는 가치 있는 사람'이라는 사실을 언제나 명심하는 것이 좋다. 그런 마음 자세일 때 고객에게도 가치 있는 일을 자신 있게 권할 수 있다. 화장품 사업을 할 때 일이다. 한 여성 고객이 스킨을 사러 왔다. 나는 그 고객이 찾는 상품만 판매하고 또 오시라는 인사말로 만남을 끝내지 않았다. 나는 항상 가능성을 최대치로 열어두고 공략한다. 그리고 고객에게 이익이 되는 관점에서 생각한다. 나는 그 고객에게 차 한잔하고 가시라고 하면서 시간을 번 다음 이렇게 제안했다.

"혹시 시간 있으세요? 괜찮으시면 피부 테스트 받아보고 가세요. 이렇게 방문해주셨으니 제가 서비스로 해드릴게요"

고객은 흔쾌히 응했다. 사실 피부 상태를 진단해드리겠다고 한 건 고객의 피부도 진단하지만 정보를 파악하고 친밀감과 신뢰감을 쌓기 위함이었다. 피부 테스트를 하면서 고객의 직업과 식생활, 수면 패턴, 성향 등의 정보를 단시간에 수집했다. 그리고 그 정보를 바탕에 두고, 전문적으로 피부를 분석해주었다. 그렇게 함으로써 나에게 관리를 받으면 피부가 유리알처럼 깨끗해질 거라는 믿음을 갖게 했다. 피부 관리와 제품을 판매하기 위한 밑작업인 셈이다. 그 고객의 피부가 지닌 가장 큰 문제점은 기미와 주름이었다. 나는 그 점을 직접 말하지 않고 고객이 스스로 말하도록 유도했다.

"피부에 유분과 수분이 모두 부족한 상태인데, 피부에서 어떤 부분이 가장 개선되길 바라세요?"

그랬더니 고객은 역시 '주름과 기미가 개선되길 바란다'고 답했다. 그때 타이밍을 잡아서, 알맞은 피부 관리 계획과 제품을 콕 집어 매력적으로 소개했다. 그랬더니 고객은 "다 하면 얼마인가요?" 하고 묻더니 피부 관리권과 화장품 세트를 모두 결제했다. 원래 사려고 했던 스킨 값의 20배를 지불하게 된 것이다. 이후 그 고객은 우리 매장의 단골이 되었다. 그리고 주위 사람들에게도 우리 제품을 소개해주어 저절로 매출이 늘어났다.

이처럼 영업을 잘하려면 우선 자기 일에 대한 확신이 있어야 한다. 타인에게 도움이 되는 상품을 판매한다는 것을 늘 유념하고, 자신감 있게 판매하는 게 중요하다. 그렇게 자기 자신의 태도를 바로 세웠을 때 영업 일도, 다른 모든 일도 성공할 수 있다.

긍정은 긍정을, 부정은 부정을 부른다

내가 파는 상품이 고객에게 좋은 인상을 주기 위해서는 먼저 나 자신이 그 상품에 대한 확신과 긍정적인 생각을 가져야 한다. 내가 몸담고 있는 회사와 상품에 대해 자부심을 가지고 있으면, 고객에게도 그 마음이 전달되어 "예스(Yes)"라는 긍정의 답을 끌어낼 수 있다. 반대로 부정적인 마음을 가지고 있으면, 고객도 "노(No)" 하게 되기 마련이다. 긍정은 긍정을 부르고, 부정은 부정을 부르는 것이기 때문이다.

또한 고객에게 질문을 할 때도 긍정적으로 접근해야 긍정적 답변을 얻을 수 있다. 예를 들어 "결정을 못 하시는 것을 보니 마음에 안 드는 부분이 있으세요?" 하고 묻는다면, 고객은 그 제품이 마음에 들었다가도 안 드는 부분을 떠올리게 된다. 하지만 "제품에 대한 설명을 들어보니 어떤 점이 마음에 드세요?" 하고 물으면, 고객은 그 제품의 긍정적인 부분을 떠올리게 된다.

그래서 나는 집값을 절충할 때도 집주인에게 "사모님 100만 원만 깎아주시면 안 될까요?" 하고 묻지 않고 "100만 원만 빼주시면 계약이 성사될 것 같은데 진행할까요? 요즘 매수가 뜸하니 손님 있을 때 계약하세요"라고 말했다. 플러스 감정은 플러스 상황을, 마이너스 감정은 마이너스 상황을 끌어당기기 때문이다.

나는 이 원리를 잘 알기에 공인 중개소 이름도 '플러스 공인 중개소'라고 지었다. 우리 사업장에서 이뤄지는 모든 일이 플러스, 즉 '이익이 되라'는 뜻으로 지은 것이다. 플러스 공인 중개소에서 많은 고객을 만나는 동안 늘 긍정적인 말을 하면서 긍정 바이러스를 널리 퍼뜨렸다. "집이 곧 팔릴 거예요.", "좋은 집을 금방 구하시게 될 거예요" 하면서 말이다.

그리고 크든 작든 거래가 이뤄지면 고객에게 진심으로 감사한 마음을 가졌다. 거래를 마친 뒤에는 언제나 "축하드려요. 부자 되세요"라는 인사를 아끼지 않았다. 이처럼 고객에게 최고 상품을 알려주어 고객이 행복한 삶을 살도록 도와준다는 플러스 마음을 가지고 일한다면, 반드시 그 보상을 얻게 된다.

마음가짐에도 색깔이 있다

나는 고객을 만날 때 '기왕에 하는 거 미안할 정도로 잘해주자'라는 마음을 가졌다. 마음가짐에도 색깔이 있다고 생각한다. 고객은 물건을 파는 사람의 마음이 흰색인지 검정색인지 이도 저도 아닌 회색인지 느낀다. 그래서 나는 사소한 말과 행동에도 신경을 쓴다. 나비의 날갯짓이 거대한 허리케인을 몰고 오듯, 작은 언행이 엄청난 결과를 가져올 수 있다고 믿기 때문이다.

나는 고객과 상담할 때 늘 소소하지만 긍정 바이러스를 전하는 말을 했다. "비 오는데 우산은 챙겨서 나오셨어요?", "식사는 하셨어요?", "오늘 날씨가 참 좋죠?", "좋은 하루 되세요.", "잘 다녀오세요" 하는 식의 말들을 친절하게 건넨다.

영업이란 상품 판매를 목적으로 하지만, 고객에게 행복을 줄 수도 있는 멋진 일인 것이다. 그러므로 영업인은 무엇보다 몸과 정신을 늘 건강하게 관리해야 한다. 그래야 계약이 성사되든 안 되든 흔들리지 않고 한결같이 좋은 마음으로 고객을 대할 수 있다.

날마다 고객을 돕는 기쁨에 초점을 맞추자. 그러면 성과는 저절로 따라 온다. 매사 감사하면서 '오늘도 나는 고객의 삶이 좋아지도록 도울 것이다'라는 생각으로 일하면 갈수록 일이 잘 풀린다. 남이 잘되길 바라면 나도 잘되게 마련이기 때문이다.

'내가 선택한 직업이니 오늘도 최선을 다할 것이다'라는 긍정적 마음가짐으로 일하는 사람과 '또 어딜 가서 누굴 만나나! 일하기 싫다. 죽지 못해 산다'라는 마음으로 일하는 사람의 성과는 얼마나 다르겠는가? 처음에는 사소해 보일지라도 삶의 격차가 갈수록 점점 크게 벌어지게 된다.

그래서 마음의 색깔은 참 중요하다. 미국 디트로이트의 빈민가에서 태어나 전설적인 자동차 판매왕이 된 조 지라드(Joe Girad)는 마음의 색깔이 인생을 어떻게 바꾸는지를 잘 보여주는 인물이다. 그는 가난과 아버지의 폭력 때문에 고등학교를 중퇴하고 서른다섯 살이 될 때까지 40여 개의 직업을 전전하며 살았다. 인생의 낙오자처럼 살던 그는 자동차 판매에 도전했고, 12년 연속 기네스북에 오르는 판매왕이 되었다.

그가 마음의 색깔을 바꾸면서 한 다짐은 '한 사람의 고객을 250

명의 고객처럼 대하리라'는 것이었다. 그리고 그 다짐이 그를 15년간 1만 3,000대의 자동차를 파는 신화적인 기록을 세우도록 만들었다. 그는 이렇게 말했다.

"성공에 이르는 엘리베이터는 고장 났다. 당신은 계단을 이용해 한 계단씩 올라가야만 한다."

자동차를 성실히 팔아서 기네스북에 오른 조 지라드를 보면, 직업의 종류보다 그 직업을 대하는 마음가짐이 더 중요하다는 사실을 새삼 깨닫게 된다. 지금 당신은 어떤 마음의 색깔을 가지고 일하고 있는가? 매사 밝고 환한 자세로 일하는 것만이 자신의 가치를 상승시키고 성공에 이르는 지름길이다.

자신이라는 고객을 먼저 설득하라

영업인이 긍정적인 마음가짐으로 자신 있게 상품을 팔려면 당연히 상품에 대한 확신이 있어야 한다. 무슨 물건이든 자기 자신이라는 고객에게 먼저 팔아보아야 한다. 좋은 상품이란 걸 스스로 확신하지 못한다면 어떤 고객에게도 판매할 수 없다. 내가 반하지 않은 상품을 다른 사람이 반하도록 만들 수 있겠는가? 만약 그렇게 판매한다면, 그건 자기 기만이고 사기다.

그러므로 고객에게 상품을 판매하기 전에 먼저 그 상품을 알아보기 위해 연구하자. 그렇게 꼼꼼히 따져본 뒤에 상품과 열렬한 사랑에 빠져야만 고객에게도 적극 권할 수 있다.

일단 확신이 생겼다면, 다음에는 상품에 대해 뜨겁게 몰입하는 것이 중요하다. 나는 영업을 하러 나가기 전에 극한 상황에서 영업에 성공한 유명인의 글이나 동영상을 찾아서 봤다. 그런 것들을 보면서 열정을 수혈받은 뒤 뜨거운 가슴으로 현장에 나갔다. 군인이 전쟁 나가기 전에 기초 체력을 키우고 총 쏘는 법을 배우듯이, 영업인은 고객을 만나러 가기 전에 자기 확신과 상품에 대한 미친 몰입을 장착해야 한다.

세상에 영업 잘하는 기술에 대한 자료는 많이 나와 있지만, 핵심은 스킬보다 확신을 갖는 것이 중요하다. 이처럼 먼저 확신을 가지고 나면 성공의 삼박자인 '당당한 마음 자세', '공손한 태도', '똑 부러지는 일처리'로 이어지게 된다.

영업인은 언제나 당당해야 한다. '하나 팔면 얼마 이득인데'라는 생각을 하기보다는 '이걸 사용하면 얼마나 이익인데 고맙게 생각해'라는 당당한 마음가짐을 가져야 한다. 그리고 영업인은 모든 고객을 한결같이 공손하게 대해야 한다. 고객의 지위 고하에 관계없이, 어디서도 경험해보지 못했을 법한 상냥함과 친절함으로 고객을 대해야 한다. 또한 일처리를 프로답게 정확하게 하는 것도 당연히 중요하다. 처음부터 끝까지 깔끔하게 일을 처리하고 고객에게 이익을 줄 수 있도록 노력해야 한다. 나는 정수기를 판매할 때 '미친 X'이라는 욕도 들었고, 텔레마케터 할 때에는 "그렇게 좋으면 네 가족한테나 팔아" 하는 소리도 들었지만 흔들리지 않았다. 상품에 대한 확신과 내가 옳은 일을 하고 있다는 신념이 있었기 때문이다.

독수리는 폭풍우를 피하지 않는다. 오히려 그 폭풍우를 향해서 날아가 그 바람을 타고 더욱 높이 비상해서 날아오른다. 나는 이러한 독수리의 모습을 마음에 새기면서, 흔들리지 않고 당당하게 내 길을 걸어갔다.

때와 장소를 가리지 않는 영업의 비결

타석에 자주 나갈수록 홈런 칠 확률도 높아진다

회사에서 영업 사원으로 일할 때의 일이다. 아침 조회 시간에 온 정신을 집중해 이야기를 듣고 나면, 영업인으로서 세일즈십이 가득 채워지는 기분이 들었다. 그래서 전쟁터에 나가는 기세등등한 군인처럼 내면에 열정과 패기를 잔뜩 품고서, 이렇게 좋은 상품을 빨리 고객에게 전하고 싶다는 사명감을 가지고 현장에 나갔다.

그렇게 나는 매일 부지런히 돌아다니면서 고객들을 만났다. 하지만 한 마디로 냉정하게 거절하는 사람부터 눈앞에서 내 명함을 휙 던져버리는 사람, 인상 쓰며 바쁘니까 나가라는 손짓을 하는 사람까지 온갖 사람들을 만났다. 그러나 날마다 수많은 거절과 냉대가 퍼부어졌지만 마부정제(馬不停蹄), 즉 '달리는 말은 말굽을 멈추지 않는다'는 말을 떠올리며 앞만 보고 전진했다.

다행히 상품에 대해 약간이라도 관심을 보이는 사람을 만나면, 어떻게든 그 고객을 다시 만날 이유를 만들어서 자꾸 만났다. 만남이 반복될수록 계약이 성사될 확률이 높아진다고 생각했기 때문이다. 야구 경기에서 타자가 타석에 자주 나갈수록 홈런 칠 확률이 높아지듯이 말이다.

그래서 똑같이 하루를 살면서도 내게는 25시간이 주어진 것처럼 시간을 쪼개어 쓰면서 열심히 고객을 만나러 다녔다. 내 모든 에너지를 쏟아부어서 보석 같은 고객을 캐내려고 애썼다. 내가 만나는 사람들 중에 누가 내게 커다란 유익을 끼치는 보석같은 고객이 될지 모르기 때문에, 모든 사람에게 최선을 다했다.

버스 기사도, 식당 사장도 고객이 될 수 있다

보험사에서 일할 때에는 버스를 타는 동안에도 영업을 했다. 어떻게 버스에서 영업을 했을까? 바로 버스 운전기사님에게 보험 상품을 판매했다. 일단 버스에 올라타면 나는 운전기사님에게 인사하면서 명함을 건넸다. 그러면 기사님이 보험사 이름이 찍힌 내 명함을 받아 들고 뜨악한 표정으로 쳐다보면, 바로 이렇게 말했다.

"기사님, 제가 이 버스에 고객으로 탔으니 기사님도 저한테 고객이 되어주시는 건 어떨까요?"

이렇게 말문을 연 뒤에 자동차 보험이나 운전자 보험을 간단히 가입하시라고 소개했다. 그러면 대부분은 듣는 둥 마는 둥 했지만, 나는 아랑곳하지 않고 꾸준히 명함을 건넸다. 명함을 많이 주다 보면 계약으로 이어질 확률도 그만큼 올라간다고 생각했기 때문이다. 그러던 어느 날, 여느 때처럼 버스에 올라 명함을 주면서 상품을 소개했더니 기사님이 웃으며 고개를 끄덕이는 것이다. 얼마 뒤 그 기사님에게서 실제로 연락이 왔고, 그는 내가 권해준 보험을 가입했다. 또 어떤 날은 내가 식당에서 밥을 먹다가 돌을 씹었다. 그때 식당 사장을 불러서 이렇게 말했다.

"사장님, 손님이 이렇게 돌을 씹어 이가 깨지거나 하면, 치과 치료비를 물어주셔야 합니다. 혹시 배상 책임 보험에 가입하셨나요?"

이후 간략한 상품 설명과 함께 명함을 주고 나왔다. 그리고 얼마 뒤 그 사장은 보험에 가입했다. 이처럼 나는 버스를 타는 동안이든 밥을 먹는 동안이든, 그 조금의 시간도 아까워서 쉬지 않고 영업을 했다. 내 전략은 단순했다. '내가 당신의 고객이니 당신도 내 고객이 되어달라'는 것이었다.

모든 상황과 때가 기회다!

'당신과 나는 서로에게 고객'이라는 전략으로, 때와 장소를 가리지 않고 영업했다. 아이들 학원에 가면 학원장에게, 고기 사러 정육점에 가면 정육점 사장에게 영업을 했다. 세탁소에 가도, 미용실에 가도 마찬가지였다. 미용실 스무 군데를 돌아다니면서 앞머리만 자르고 영업을 했다.

버스 정류장에서 정수기를 판 일은 지금도 내가 속해 있던 사업장의 전설로 남아 있다. 나는 현장 일을 마치고 사무실에 복귀하려고 정류장에서 버스를 기다리고 있었다. 그런데 그 몇 분의 시간이 너무 아까워서 같이 버스를 기다리던 중년 여성에게 다가갔다. 처음 보는 사람이 명함을 주며 다짜고짜 정수기 설명을 하자, 그 여성은 잠시 경계하는 듯이 보였다. 그래서 고객의 손에 있는 시장바구니를 보고 "시장 보러 가세요?"라고 질문했다. 그렇게 몇 마디 나누자 그 여성은 경계심을 풀고 상품 설명을 끝까지 다 듣더니 그 자리에서 커다란 냉온수 정수기를 계약했다. 이 일이 회사에 알려지자, 국장님은 칭찬을 아끼지 않았고 직원 전체가 내게 박수를 쳐주었다.

나는 육아를 하면서도 영업을 했다. 둘째 아이가 아기였을 때, 분유를 먹이고 우연히 창밖을 보다가 현수막 하나를 발견했다. 근처 상가의 노래방 오픈을 알리는 현수막이었다. 나는 아이가 잠들자마자 뉘어놓고, 얼른 전단지를 들고 노래방으로 달려갔다. 마침 공사 상황을 살피러 잠깐 들른 사장을 운좋게 만날 수 있었고, 노래방 방마다 공기청정기를 렌털 판매하는 데 성공했다. 나는 어떤 기회도 놓치지 않고 영업을 했다. 그 결과, 보험의 '보' 자도 모르던 내가 실적 1위를 차지했고, 정수기 영업을 할 때도 입사 3개월 만에 지점 전체 영업 사원 중 1위에 올랐다. 이와 동시에 최단기 판매 1위 기록을 세우기도 했다.

영업의 타이밍을 잡는 3가지 방법

타이밍을 잡아서 상품을 판매하는 건 어렵지 않다. 그 방법은 아래와 같다.

물고기에 맞는 미끼를 던진다

예를 들어, 피시방 오픈을 앞두고 할인 쿠폰을 나누어주는 행사를 한다고 가정해보자. 어느 연령대에게 쿠폰을 줘야 하겠는가? 중년 여성이나 노인보다는 학생이나 젊은 층에 주는 것이 알맞다고 볼 수 있다. 또한 술집 오픈 기념으로 생맥주 1+1 이벤트를 한다는 전단지는 누구에게 줘야 할까? 어린 학생들보다는 직장인이나 중년 남성들에게 주는 것이 효과적인 홍보가 된다.

이처럼 영업을 할 때는 상품을 필요로 할 것 같은 고객에게 권유해야 한다. 내가 판매하는 상품에 관심을 가질 만한 사람에게 다가가야 상품을 판매할 가능성이 높아진다. 스포츠 음료나 기능성 운동복은 운동을 좋아할 만한 사람에게 권하고, 관절에 좋은 영양제는 관절염이 있을 법한 사람에게 다가가 권해야 한다.

그래서 나는 운전기사에게 자동차 보험과 운전자 보험을 안내했고, 식당 사장에게는 배상 책임 보험을 권유했다. 그리고 놀이터나 소아과, 유치원 근처에서 아이들을 기다리는 학부모에게는 어린이 보험을 소개하고 병원 중 시설비가 많이 들어간 산부인과, 성형외과, 피부과 등에는 화재 보험을 권유했다.

이런 식으로 고객에게 필요한 상품을 권하는 것, 이것이 타이밍을 잡는 영업의 첫 번째 방법이다. 물고기 종류에 따라서 선호하는 미끼가 다양하듯이, 영업을 할 때에도 고객이 관심을 가질 만한 상품으로 접근해야 한다.

프로처럼 행동한다

영업을 할 때에는 자신감이 무척 중요하다. 설령 초보라 할지라도 자신감 있게 고객을 대해야 한다. 고객은 영업인을 처음 만났을 때 그가 초보인지, 프로인지 모른다. 그러나 조금씩 이야기를 나누면서 영업인의 눈빛, 동작, 걸음걸이 같은 태도와 말에서 믿을 만한 프로인지, 초짜인지 파악하게 된다. 그러니 고객을 만나면 쭈뼛쭈뼛하지 말고 자신감 넘치게 프로인 것처럼 행동하라.

프로도 아마추어 시절이 있었다. 누구든 처음에는 상품에 대한 지식도 부족하고 고객을 대하는 기술도 미숙할 수밖에 없다. 오랫동안 배움과 연습을 통해 프로가 되어가는 것이다. 태어나자마자 단추를 끼우고 드라이를 하고 양치질을 할 줄 아는 인간은 없다. 모든 걸 꾸준히 시도하고 실패하면서 익혀야 한다. 영업도 마찬가지로 배우면 된다. 잘났든 못났든, 매일 양치하듯이 열심히 고객을 만나면 잘하게 된다.

《중용》 20장에는 "남이 1번으로 잘한다면 나는 100번을 하겠다. 남이 10번으로 잘한다면 나는 1,000번을 하겠다"라는 구절이 나온다. 이 말을 명심하면서, 늘 배우고 연습해야 한다.

프로와 아마추어의 차이점은 무엇일까? 바로 흔들림이다. 계약이 깨지거나 고객에게 욕을 먹으면, 아마추어는 감정적으로 흔들린다. 하지만 프로는 요동하지 않고 해결책을 찾는다. 그래서 굳은 심지를 가지려면 자신감이 있어야 하고, 자신감은 열심히 배우고 정확히 아는 데서 비롯된다. 그러므로 여러 방면으로 항상 공부하면서 건강과 외모 역시 관리하고, 무엇보다 '나는 이 세상에서 가장 가치 있는 사람'이라는 사실을 마음속에 되새겨야 한다.

우리는 400조 분의 1의 확률로 세상에 태어났다. 이미 로또 맞고 태어난 인생인 것이다. 그러니 '난 성공하는 DNA를 가지고 있다'는 확신을 가지고, 되도록 즐겁게 살아야 한다. 나는 이러한 사실을 늘 명심하면서 자존감을 가졌다. 그런 마음 자세로 잘 모르는 분야는 배워가면서 열심히 경험을 쌓아갔다. 처음 보험을 판매할 때에는 영업을 잘하는 동료들에게 계약 사례를 많이 질문해 귀동냥을 해서, 마치 내가 그 계약들을 성사시킨 듯이 최면을 걸었다. 그런 마음가짐으로 대형 병원 원장님을 처음 만나 월납 80만 원 보험 가입을 성사시켰고, 다양한 현장에서 많은 상품을 판매할 수 있었다. 초보처럼 쫄지 않고, 이미 프로인 것처럼 자신 있고 대범하게 고객을 리드한 덕분이었다.

시간 약속을 잘 지키고 늘 성실하게 일한다

제아무리 지식이 태산만큼 있어도 고객에게 내일 방문하겠다고 말하고는 소식도 없이 함흥차사인 사람은 주파수 안 잡히는 낡은 라디오나 고장 난 시계 같은 사람이다. 고객은 약속을 지키지 않는 영업 사원을 신뢰할 수 없다.

나는 길거리에서 만난 고객과의 약속이라도 정해진 시간 10분 전에 미리 도착했다. 그러고는 편안하고 조용한 자리를 찾아가서, 고객을 기다렸다. 고객과의 약속이기도 하지만 나 자신과의 약속이기 때문에, 내 입으로 정한 약속은 반드시 지키려고 노력했다. 부득이한 사정으로 약속을 지키지 못할 경우에는 미리 고객에게 양해를 구했다.고객이 상품을 구입한 뒤에도 신뢰를 지켜나가는 것이 중요하다.

또한 영업인은 계약 전과 후의 태도가 한결같아야 한다. 계약이 성사된 뒤에도 '많고 많은 사람 중에 저를 통해서 계약해주셔서 감사합니다'라는 겸손한 마음 자세로, 가족처럼 고객의 경조사도 챙기고 안부도 물어서 꾸준히 관리를 하는 게 좋다. 그리고 가끔씩 마음이 담긴 글과 선물 쿠폰을 보내며, 고객을 특별히 생각하고 있음을 표현하는 것이 도움이 된다. 영업인의 진심이 담긴 성실한 태도에 고객은 감동을 받기 때문이다. 그러면 고객은 그 영업인을 친밀하게 생각하고, 자연스레 주위 지인들에게 소개하게 된다. 영업인으로서 오랫동안 많은 고객을 만나보니, 고객은 잘난 사람보다 평생토록 신뢰할 만한 사람에게 물건을 사고 싶어한다는 사실을 알게 되었다.

탁월한 영업인이 되기 위해서는 고객의 필요에 맞는 상품을 자신감 있게, 성실한 자세로 판매할 줄 알아야 한다. 이 3가지 요소를 명심하고 실천한다면 어느덧 프로 영업인이 되어 있을 것이다.

내일이 없는 것처럼

이제 막 영업을 시작하는 사람이라면, 어디서 고객을 만나서 어떻게 팔아야 할지 고민될 것이다. 하지만 영업은 감정이 개입되는 예술보다는 수학에 가깝다. '사람들이 뭐라고 하진 않을까?'라는 생각에 연연하지 말고, 수학 공식처럼 단순하게 생각하면 된다. 긍정적인 자기 확신과 자신감을 장착하고 발 편한 신발 신고 고객을 많이 만나면, 판매는 자연스럽게 따라온다.

메이저리그에 진출할 정도로 뛰어난 야구 선수였다가 미국 최고의 보험 세일즈맨이 된 프랭크 베트거(Frank Bettger)가 쓴

《실패에서 성공으로》(씨앗을뿌리는사람, 2005) 첫머리에 이런 말이 있다.

"열정적으로 행동하면 열정적인 사람이 된다."

열정이 안 생기더라도 열정 있는 사람처럼 행동하다 보면, 정말로 그런 사람이 된다는 것이다. 어떻게 상품을 팔아야 할지 고민되는가? 그렇다면 고민을 멈추고 일단 나가서 고객을 만나라. 그리고 오늘까지만 상품이 유효한 것처럼 온 영혼을 담아서 열심을 다해 물건을 팔아라! '영업이란 내일은 없다'라는 생각으로 오늘 만난 고객에게 온전히 집중하다 보면, 어느덧 당신은 프로 영업인이 되어 있을 것이다.

어렵고 두려운 일을 가장 먼저 하라

매도 먼저 맞는 사람이 덜 아프다

초등학교 4학년 때 일이다. 그때 담임 선생님은 아이들에게 자주 벌을 주고 줄을 세워 때렸다. 선생님이 잔뜩 인상을 쓰면서 아이들을 때리는 모습을 보면 저절로 식은땀이 났다. 고통스러워하는 아이들의 모습에 감정 이입되어, 내가 맞지 않았는데도 맞은 것처럼 고통이 느껴졌다.

이처럼 우리는 매를 맞지도 않았는데 곧 매를 맞게 될까 봐 미리 걱정하고 두려워하며 사는 경향이 있다. 특히 경험해보지 않은 일, 잘 모르는 분야의 일, 처음 접해보는 환경이나 예상 밖의 문제를 마주치면 쉽게 두려움에 휩싸인다.

이러한 공포감이 엄습할 때 그 감정을 이겨내는 나만의 방법이 있다. 바로 두려운 것을 피하지 않고 정면 돌파하는 것이다. '매도 먼저 맞는 놈이 낫다'고 하지 않는가? 어차피 해야 할 일이라면 망설이지 말고 부딪쳐 해결하는 편이 낫다. 억만장자들도 여러 가지 일 중에서 가장 어려운 일을 맨 먼저 한다고 한다. 왜냐하면 두렵고 어려운 일을 그냥 두면, 마음속에서 그 두려움과 어려움이 점점 커져서 나중에는 해결할 엄두조차 나지 않게 되기 때문이다. 그러므로 무섭고 부담스러운 일을 피하지 말고 가장 먼저 해보자. 막상 경험해보면 별것 아닌 경우가 훨씬 많다. 학창 시절, 수업 중 발표 차례가 다가왔을 때 엄청 떨리지만 하고 나면 별 거 아닌 듯이 말이다. 우리가 가지고 있는 걱정 가운데 96퍼센트는 아직 일어나지도 않은 일에 대한 쓸데없는 걱정이라고 한다. 그러니 걱정이란 물을 줘서 두려움이 무럭무럭 자라나게 하지 말고, 일단 행동을 해서 경험으로 맞닥뜨려보자.

알면 두렵지 않다

미국 철학자이자 시인인 랠프 월도 에머슨(Ralph Waldo Emerson)은 "두려움은 언제나 무지에서 나온다. 알면 두려움이 사라진다"라는 명언을 남겼다. 이 말에서 알 수 있듯, 두려움과 어려움은 무지에서 비롯된다. 예를 들어 공부를 안 하고 시험을 보는 학생에게는 시험 문제가 어렵게 여겨지지만, 열심히 공부한 학생에게는 똑같은 문제가 쉽게 느껴지는 것처럼 말이다.

우리가 두려워하는 일들도 실은 잘 모르기 때문에 그렇게 느끼는 것이다. 그러니 두려운 것이 있다면 '내가 잘 몰라서 그러는구나' 하고 인정하고 조금씩 알아가기로 마음을 먹자. 두렵고 어려운 일일수록 용기 내어 부딪치고 시도하면 두려움을 이겨낼 수 있다. 큰아이가 다섯 살이었을 때 일이다. 산부인과에서 정기 검사를 했는데 난소암으로 의심된다는 진단이 나왔다. 의사는 종합 병원에 가보라며 진료의뢰서를 써줬다. 그 서류를 가지고서 아이와 함께 병원 문을 나서는데, 갑자기 다리에 힘이 풀리며 바닥에 주저앉을 뻔했다. 그날 밤에는 두려워서 밤새 한숨도 못 잤다. '아이가 아직 어린데 어떻게 해야 하나?' 하고 걱정하면서 눈이 퉁퉁 부을 정도로 울었다.

그러다가 정신을 차리고 차분히 이성적으로 상황을 들여다보기로 마음먹었다. 지금 내가 할 수 있는 최선은 무엇인지 스스로에게 질문해보았다. 그래서 항암 치료를 한시라도 빨리 받는 게 낫겠다는 결론을 내리게 됐다. 나는 얼른 정확한 진단부터 받아보기로 결심했다. 질질 끌면서 오랫동안 두려움에 떨고 싶지는 않았기 때문이다. 종합 병원에서 추가 검사를 받았고, 감사하게도 난소암 판정은 오진이라는 결과가 나왔다. 처음 갔던 병원에서 뭉쳐 있던 혈을 암으로 잘못 진단한 것이었다.

만약 내가 병원에 안 가고 계속 걱정만 했더라면 두려움 때문에 다른 병이 생겼을지도 모른다. 이 일을 겪고 나니 인생이 더욱 소중해졌다. 난소암인 줄 알았던 어제의 하늘과 암이 아니라는 사실이 밝혀진 오늘의 하늘은 천지 차이였다. 삶에 대한 열정이 마구 샘솟았다.

이처럼 두려움은 냉철한 이성으로 대해야 한다. 객관적인 시각으로 상황을 파악한 뒤, 해야 할 일을 하면 된다. 그리고 원치 않는 일을 겪지 않도록 미리 대비하는 것도 무척 중요하다. 암일지도 모른다는 소리를 들었을 때, 나는 가입되어 있는 암 보험과 실손 보험의 보장 범위부터 살펴보았다. 그리고 암이 오진이었음을 알게 된 이후에는 추가로 보장이 강화된 암 보험에 가입했고, 식탁을 건강식으로 채웠으며, 꾸준한 운동을 하기 시작했다.

이처럼 두려움을 이용해 대비하고 관리해서 더욱 좋아진 삶을 살게 되었다. 두려움이 그 자체로 힘을 발휘하게 만들지 말자. 정확히 알고 대비하면 두려움은 사라지게 되어 있다.

두려움에 속지 말자

앞서 말했듯 두려움은 무지에서 생겨난다. 정확히 알고 경험해보지 못해서 나타나는 감정인 것이다. 직접 부딪쳐서 겪어보면 아무것도 아닌 경우가 대부분이다. 영업이나 사업을 할 때도 두려움이 수시로 찾아온다. '거절당하면 어떻게 하지?', '모르는 것을 질문하면 어떻게 하지?', '일이 안 되면 어떻게 하지?', '창피당하는 거 아냐?' 같은 온갖 두려움에 휩싸이게 된다. 여기에 속아서 불안해하지 말고, 스스로 질문해보아야 한다.

'지금 무엇이 두렵지?', '왜 두려운 거지?', '그 두려운 일이 실제 일어났나?' 이런 물음을 던지면서, 문제의 핵심을 파악하는 것이다. 그래도 계속 걱정되면 최악의 상황을 상상해보자. 그러면 뜻밖에 마음이 가벼워진다.

'일 못한다고 누가 때리기라도 하겠어? 나라에서 벌금이라도 나오나?'

'잘리기밖에 더 하겠어? 그러면 다른 일을 하면 되지!'

두려움을 직면하고 그 실체를 하나씩 밝히다 보면, 불안과 공포는 사라진다. 그리고 마음이 한결 편안하고 강해짐을 느끼게 된다. 그러니 쓸데없이 두려움에 휩싸일 필요가 없다.

물론 두려움도 무조건 나쁜 것만은 아니다. 두려움은 인간이 느끼는 자연스러운 감정 중 하나로, 때때로 우리를 위험한 상황에서 벗어날 수 있게 해주기도 한다. 그러므로 두려움이 느껴질 때, 먼저 실체를 똑똑히 밝히는 것이 가장 중요하다. 두려움이 어디에서 비롯되었는지 정확하게 깨닫게 되면, 두려움은 더 이상 두려움이 아니게 된다. 나를 보호하는 경고 신호이거나 경험이 모자람을 보여주는 표시일 뿐이다.

나는 수많은 직업을 경험해봤다. 새로운 일을 시작할 때마다 내게도 걱정과 두려움, '과연 내가 잘할 수 있을까?'라는 의심이 마구 생겨났다. 하지만 거기에 머물지 않고, 긍정적으로 용기 있게 돌파하기로 마음을 바꿨다. '처음부터 완벽하게 잘하는 사람이 어디 있겠어? 나라고 못하란 법이 있나?' 하면서 말이다. 초보일 때는 잘 모르고 실수할 수 있다고 너그럽게 마음을 먹었더니 편안해지면서 용기가 샘솟았다. 그리고 점점 긍정적, 적극적, 열정적인 사람이 되어갔다. 그렇다. 이제는 두려움에 속지 말자. 두려움은 두려움일 뿐이다. 구름과 바람이 지나가듯, 두려움이 지나가도록 편안한 마음으로 배웅하자. 그리고 가벼워진 마음으로 항상 유머를 가지고 즐겁게 상황을 바라보자.

가장 두려운 일부터 하자

보험 판매 일을 처음 시작했을 때 일이다. 상품 정보도 전부 숙지하지 못한 상태에서 병원 개척을 나가려니 갑자기 두려운 마음이 들었다. '의사를 만나면 어떻게 해야 하나?' '내가 모르는 상품에 대해 물어보면 어떻게 하지?' 일어나지도 않은 일에 대한 두려움이 꼬리에 꼬리를 물고 이어졌다. 하지만 언제까지고 불안해할 수는 없다. '일단 죽이 되든, 밥이 되든 부딪혀보자' 하고서 두려움을 긍정, 용기로 돌파하기로 생각의 주파수를 바꿨다. 처음부터 잘하는 사람은 없다고, 당연히 실수할 수 있다고, 모르는 건 나중에 알아서 가르쳐주겠다고 하면 된다고 마음을 다잡았다. 그리고 최악의 상태는 계약을 안 하는 것밖에 없다고 생각하고 마음을 가볍게 가졌다.

그렇게 두려움을 직면하고 나니, 마음에 자신감이 채워졌다. 그 마음으로 일단 가장 두려운 일부터 부딪쳤다. 물론 문제가 발생했지만 배워가면서, 충분히 해결할 수 있었다. 나는 스스로에게 도전한 것에 대해 칭찬을 듬뿍 해주었다. 계약을 못하더라도 경험을 쌓은 것만으로 일단 성공한 거라고, 훌륭하다고, 아주 잘했다고 칭찬해주었다.

이런 식으로 마음을 편하게 먹으니, 요동치던 두려움이 잔잔해졌다. 그 후 나는 자신감이 생겨 두려움에 지지 않았을 뿐 아니라, 힘들고 어려운 일을 먼저 해치우는 용기 있는 사람이 되었다. 두려움을 이겨내는 것도 습관이 되고 근육이 붙는다.

두려움이 찾아오면 실체를 파악해 '반갑다. 너였구나!' 하고 '근데 이젠 알았으니 잘 가' 하고 즐겁게 배웅해야 한다. 또한 두려움 역시 우리에게 도움을 주는 브레이크 감정이라 여기고 조심하고 대비하면 된다. 그렇게 할 때 두려움을 정복하고 성장해 나갈 수 있다.

삼세번 전략으로 거래를 성사시켜라

삼세번 전략이란?

나는 어릴 때부터 '삼세번'이란 말이 좋았다. 단 한 번으로 인정사정없이 결론 내리지 않고, 만회할 기회를 더 준다는 뜻이 내포되어 있어 정감 있게 느껴졌다. 게임을 할 때도 삼세번 규칙을 내세우면, 기사회생할 기회를 얻을 수 있지 않은가?

나는 공인 중개소를 운영할 때 삼세번 전략을 사용했다. 그 전략은 고객에게 딱 세 개의 집을 보여주는 것이다. 더 많은 집을 보여줬을 때 오히려 고객이 선택하기 어려워하는 것을 깨닫고 생각해낸 방법이다. 삼세번 전략을 사용하려면 먼저 고객이 원하는 집의 조건을 정확히 파악하는 것이 필요하다. 그런 뒤에 그 조건에 딱 알맞은 집을 찾아놓고, 나머지 두 집은 그 집을 빛

내기 위한 들러리로 준비한다. 학창 시절 단체 미팅을 할 때 못생긴 애들 속에 예쁜 애가 있으면 유독 돋보이는 것처럼, 가장 좋은 집이 눈에 쏙 들어오도록 일부러 두 집을 함께 보게 하는 것이다.

고객에게 보여줄 집들을 확정했다면, 이제 순서대로 집들을 소개하면 된다. 첫 번째 집은 그럭저럭 괜찮은 중급의 집을 보여준다. 그리고 두 번째 집은 완전 지저분한 하급의 집을 보여준다. 그러고 나서 마지막 세 번째 집은 고객이 제일 마음에 들어할 만한 최고의 집을 보여주는 것이다.

집을 보여줄 때의 자세도 중요한데, 첫 번째와 두 번째 집을 보여줄 때에는 평범하게 조건과 상태를 짚어준다. 그리고 세 번째 집에 이르러서는 좋은 점들을 특별히 강조하면서 고객의 마음이 움직이도록 유도한다. 예를 들어 "와, 집 상태가 아주 좋네요" 하면서 감탄한 뒤 싱크대와 베란다, 보일러, 화장실 등을 둘러보면서 수리하고 교체한 부분은 강조해 보여준다. 만약 화장실 전체를 수리했다면 "이 집은 전반적인 상태도 에이급인 데다 화장실까지 올수리해서 청소만 하고 이사하시면 되겠네요" 하면서 어서 마음을 정하게끔 유도한다. 만약 고객이 망설일 경우에는, 확정을 내리도록 삼세번 압박 전략을 쓴다.

"이 집은 좀 전에 보신 분도 마음에 들어 했어요. 저녁에 남편분하고 의논한 뒤에 계약금 넣는다고 했거든요."

"더군다나 있다 오후 5시쯤에 다른 공인 중개소 손님이 이 집을 보기로 했어요. 그래도 아직 계약 전이니까 먼저 하는 사람이 임자죠."

"가계약이라도 걸어두셔야지, 안 그러면 이 집은 워낙 조건이 좋아서 금세 나갈 겁니다."

이렇게 부드럽게 압박을 하면, 손님은 어서 결정을 내려야겠다고 생각하게 된다. 한 가지 명심할 점은, 결코 성급하게 재촉하거나 몰아붙이는 느낌을 줘서는 안 된다. 고수는 자기 이익을 추구하더라도 오직 고객 편에서 전적으로 돕고 있다는 인상을 주는 게 고수다.

고수처럼 노련하게 질문하라

고객이 집을 보러 왔을 때 "어떤 집을 찾으세요?" 하고 묻기만 하는 사람은 하수다. 고수는 적절한 질문을 던져서 고객이 어떤 집을 원하는지, 진짜로 집을 보러 왔는지 아니면 다른 목적 때문에 왔는지를 파악해내는 사람이다.

고객들 중에는 구체적인 유형이나 평수, 금액을 말하지 않고 두루뭉술하게 좋은 집을 찾는 사람도 있고, 그저 심심해서 '라떼는 말이야~' 하고 자기 자랑을 늘어놓으면서 집 구경이나 하려고 오는 사람도 있다. 또는 공인중개소에 답사해 시세조사를 하려는 목적으로 오는 사람도 있다. 그런데 이 모든 사람을 상대하면 발품 값도 안 나온다. 그러므로 진짜 고객을 잘 가려내고, 그 고객이 원하는 집을 정확하게 찾아서 계약하는 데 집중해야 한다. 그러기 위해서는 질문을 잘 던지는 것이 무척 중요하다. 나는 고객에게 3가지 질문을 던진다.

"어떤 집을 찾으세요?, 현재 어디에 사세요?, 왜 이사하려고 하세요?"

사실 어떤 집을 찾는지 묻지 않고 현재 어디에 거주하고 왜 이사하려고 하는지만 물어봐도, 고객이 원하는 집을 대략 알 수 있다. 어디 사는지를 알면 고객의 자산 규모를 짐작할 수 있고, 만약 그 집이 인근에 있다면 그 집도 우리가 맡아서 중개할 수 있으므로 일석이조다. 또한 이사하려는 이유를 알면, 고객이 찾는 것이 거주 목적의 집인지 투자 목적의 집인지도 알 수 있다. 그리고 그 고객의 답변 속에서 원하는 평수나 조건 등을 대략 유추할 수 있다. 이처럼 진짜 고객을 가려내고 그가 원하는 집을 찾아주려면 질문을 잘 던져야 한다.

공감과 경청, 꼼꼼한 메모로 신뢰감을 줘라

질문을 잘하는 것만큼 잘 듣고 기억하는 것도 중요하다. 일단 고객에게 질문을 던진 다음에는, 고객의 말을 귀 기울여 듣고 공감해주어야 한다. 거기서 더 나아가 핵심 내용을 빠짐없이 받아 적는 것이 필요하다. 고객이 말을 끝냈을 때 방금 들은 것을 다시 읊어주면서 "이러이러한 집을 찾아드리면 될까요?"라고 물어보면 대개는 흡족해하며 신뢰하게 된다.

왜 고객의 말을 잘 듣고 기억해야 할까? 그래야 고객이 원하는 것을 파악하고 그에 딱 맞는 물건을 찾아줄 수 있기 때문이다. 고객의 말을 공감하면서 듣고, 메모해두는 것은 세세한 부분까지 기억해서 알맞은 상품을 찾아내기 위함이다.

집을 팔거나 세놓으러 온 고객을 대할 때에도 경청하고 메모해야 한다. 동시에 담당하는 매물과 거래가 많으므로, 집주인 한 사람 한 사람을 기억할 수 있도록 그 특징을 메모해두는 것도 도움이 된다. 예를 들어 '○○아파트 ○동 ○호' 하고 쓴 뒤에 집주인 가르마가 2대 8이면 '이대팔 님', 외모가 요염한 사람이면 '나비 부인', 빨간색 립스틱을 주로 바르는 사람이면 '빨간 립스틱' 등으로 연상법에 의해 떠올리기 쉽게 특징을 함께 적어둔다. 그렇게 하면 각 집주인의 특성과 요청 사항 같은 것을 잘 기억하고 거래를 중개하는 데 큰 도움이 된다.

이처럼 거래를 성사시키려면, 고객이 원하는 것을 정확히 파악하고 기억해야 한다. 그러려면 공감과 경청, 메모가 필수다. 고객은 자기 말을 잘 들어주고 알아주고 기억해주는 사람을 신뢰할 수밖에 없음을 꼭 기억하자.

안달복달하지 말고 쿨하게 장사하라

나는 고객과 함께 집이나 상가를 보러 갈 때, 일부러 다른 공인 중개소의 고객을 마주치도록 상황을 만들곤 했다. 예를 들어, 우리 중개소 물건인데 다른 중개소에서 연락이 와서는 "2시쯤에 주공 ○단지 ○동 ○호 보러 가려는데, 괜찮을까요?" 하고 물어본다고 치자. 그러면 괜찮다고 하고서는 나도 그 시간쯤 고객과 그 집을 보러 갈 거라고, 같이 보자고 하는 것이다.

내 고객, 그리고 다른 중개소 고객과 함께 집을 보면서, 나는 이때도 삼세번 압박 전략을 펼친다. 첫 번째는 의도적으로 다른 쪽 고객과 함께 집을 보면서 그 집이 곧 나갈 듯한 긴박감을 심어준다. "오늘따라 이 집 보는 분이 많으시네요. 오전에도 두 분이나 보셨거든요" 하면서 집이 금방이라도 나갈 듯한 분위기를 조성한다.

두 번째, 집을 거의 다 볼 무렵에 얼마 전 그 집을 보고 간 고객에게 전화를 걸어서 "사모님, ○동 ○호가 오늘 계약될 것 같은데 혹시 결정하셨나요?" 하고 묻는다. 집을 보고 있는 고객이 통화 내용을 듣고서 빨리 계약해야겠다는 마음이 들도록 유도하는 것이다.

세 번째, 시간 제한을 걸어 압박한다. '이 집은 주인이 이번 주까지만 세금 문제 때문에 매매에 내놓는다고 했다. 만약 거래가 안 되면 그냥 거주하겠다고 하니까 주인 마음 바뀌기 전에 빨리 결정을 해야 한다'라든지 '지금 살고 있는 세입자가 이 집을 살 마음이 있어서 이번 주까지만 외부인에게 집을 보여준다'라든지 하는 내부 정보를 흘리는 것이다. 결국 매수자가 적극적인 태도를 보이면, 이때 실제 매매가보다 조금 낮은 가격을 제시하면서 의중을 떠본다.

"고객님, 이사 비용 하실 겸 100만 원 빼드리면 계약하시겠어요?"라고 물어보면서 일단 집이 마음에 드는지 알아본다. 그래서 전혀 관심이 없는 고객이라면 시간을 조율할 수 있고 집을 사고 싶은 고객이라면 가격을 조금 빼달라든지 이사 날짜를 조정해달라든지 하는 구체적인 요청을 내놓는다. 그러면 적정선에 맞추어 조건을 조정해, 계약을 진행하면 된다. 만약 이렇게 최선을 다했는데도 고객이 김빠지게 "안 할래요" 하더라도 안달복달하지 않았다. 그저 이 집을 꼭 선택해야 할 이유를 임팩트 있게 두세 가지 정도 짚어주고 '이 집을 선택하지 않으면 당신 손해'라는 것을 부드럽게 강조한 뒤, 쿨하게 보냈다.

자존심을 버리지 않는 영업

놀이동산에 가면 직원들이 무척 친절하지만, 반드시 지켜야 할 질서가 있다. 돈을 내고 표를 사야만 입장할 수 있고 놀이 기구도 이용할 수 있다. 그리고 술에 취해 소리를 고래고래 지르며 주사를 부리거나 남에게 피해를 입히는 행위를 하는 사람은 놀이 기구를 탈 수 없다.

마찬가지로 고객을 대할 때도 원리 원칙이 필요하다. 놀이동산 직원처럼 친절하게, 하지만 정해진 룰에 따라서 일을 진행해야 한다. 내 차에 내가 허락한 고객을 태운다는 마음가짐으로 친절하지만 당당한 자세를 유지해야 한다. 나는 무리한 요구를 하는 고객과 계약을 깬 적이 있다. 그 고객은 집을 사면서 계약서에 '매매 후 1년 안에 보일러가 고장 나면 즉시 교체해주어야 한다'는 등의 요구 사항을 끝도 없이 요청했다. 결국 그 고객과 계약을 깨고 내가 그 집을 샀다. 그런 사람에게 우리 고객이 잘 가꾼 가치 있는 집을 팔고 싶지 않았기 때문이다.

또 이런 일도 있었다. 월셋집을 계약한 고객이 잔금을 주기로 한 날, 그 집주인이 약속했던 도배를 해주지 않았다. 내가 항의했더니, 당신은 상관 말라면서 수수료를 던져주고 가기에 바로 계약을 해지해버렸다. 그리고 서둘러 같은 조건의 더 나은 집을 수소문했다. 결국 그 고객은 도배장판이 말끔히 되어 있는 더 좋은 집을 계약해서 이사할 수 있었다. 내가 기분이 나빠서 그랬다기보다는, 그런 양심을 가진 주인의 집에 금쪽같은 우리 고객이 따박따박 월세 내면서 살도록 하기가 싫었다.

이런 일 말고도 계약 후 집값 상승으로 매도인들이 변심해 집을 안 팔겠다고 나서는 등 여러 힘든 상황을 겪었지만, 나는 수수료를 전부 돌려주는 한이 있더라도 우리 고객과의 일을 끝까지 책임감 있게 마무리하려고 노력했다.

매력적인 장사꾼은 자존심을 버리지 않고 자기 소신과 철칙을 지킬 줄 안다. 그리고 언제나 고객에게 최고의 서비스를 주기 위해 늘 노력한다. 나를 믿고 거래하는 고객에게 책임감을 가지고 최선을 다하되, 내가 주도권을 쥐고 있어야 한다. 즉, 고객이 머리라면 영업인은 목이 되어 리드해야 한다.

서로에게 득이 되는 윈윈게임을 제안하라

부탁하지 말고 제안하라

세계적인 동기부여 전문가이자 베스트셀러 작가인 지그 지글러(Zig Ziglar)는 사람들이 무엇에 몰입하거나 관심을 갖게 하는 비법을 이렇게 설명했다. 바로 "What's In It For Me?" 즉, "나한테 도움이 되는 게 무엇인가?"라는 질문에 초점을 두고 접근하는 것이다. 지그 지글러는 이를 'WIl-FM'이라 부르며 사람들은 단지 이 주파수에만 관심을 갖는다고 말했다.

영업을 할 때에도 이 관점에서 다가가야 한다. '이 상품이 당신에게 도움이 된다'는 사실을 고객에게 분명히 인지시켜야 판매에 성공할 수 있다. 그래서 나는 고객을 만났을 때 '파는 나도 좋고 사는 당신도 좋은 윈윈게임(Win-Win game)'을 제안했다.

윈윈게임을 제안하는 영업인은 고객에게 상품을 사달라고 '부탁'하지 않는다. 부탁하는 행위는 윈윈게임에 맞지 않기 때문이다. 내 부탁을 고객이 거절할 경우, 그 고객은 내게 미안한 감정을 가지게 되고 나는 고객과 불편한 관계를 맺게 된다. 또한 고객이 부탁에 응할 경우에는 '부탁을 들어줬는데 뭐 없나?' 하고 보상을 내심 바라게 되기에, 나는 부채감을 느끼게 된다.

윈윈게임은 '제안'하는 것이다. 영업인은 고객이 몰랐던 정보를 제공함으로써 고객의 마음속에 숨어 있던 필요와 욕구를 일깨워야 한다. 그럼으로써 고객이 스스로 그 상품을 필요하다고 여기고, 구매하도록 이끄는 것이다. 이렇게 되면 영업인은 상품을 판매해서 좋고 고객은 도움이 되는 상품을 갖게 되어 좋은, '윈윈게임'이 된다.

제안을 영어로 '프로포즈(propose)'라고 한다. 상품을 제안할 때에도 연인에게 프로포즈하듯 하는 것이 좋다. 물론 충분히 신뢰와 확신이 생겼을 때 그렇게 해야 한다. 연인 사이에서도 함께 오랜 시간을 보내면서 '이 사람이다'라는 확신이 생겼을 때 프로포즈를 해야 성공하지 않는가? 영업도 마찬가지다. 상품 제안을 할 때 영업인과 상품에 대한 신뢰와 확신을 준 뒤에 제안해야, 고객은 승낙하게 된다.

만약 고객이 그 제안을 거절한다면, 그것은 영업인이나 상품에 대한 신뢰와 확신이 부족하다는 뜻이다. 이런 경우에는 신뢰와 확신을 다시 쌓아서 재프로포즈해야 한다. 그것이 영업인도 고객도 행복한 윈윈게임에 성공하는 길이다.

소에게 풀을, 사자에게 고기를

미국 변호사 겸 스포츠 에이전트인 로널드 M. 샤피로(Ronald M. Shapiro)는 이렇게 말했다.

"당신이 원하는 것을 얻는 최고의 방법은 상대방이 원하는 것을 얻도록 도와주는 것이다."

영업인도 거래를 성사시키려면, 상대방이 원하는 것을 권해야 한다. 소에게 풀을 주고 사자에게 고기를 줘야 하듯, 고객이 필요로 하는 것을 채워줘야 한다. 만약 영업인이 고객을 흡족하게 만족시켜주었다면, 그 관계는 일회성으로 끝나지 않고 꾸준히 이어진다. 더 나아가 다른 고객들과 연결되기도 한다.

공인 중개소를 운영할 때의 일이다. 매매로 내놓은 아파트는 많은데 전월세 물건은 좀처럼 나오지 않는 상황이었다. 나는 전월셋집을 구하러 온 고객들에게 "물건 없습니다" 하고 돌려보내기가 아쉬웠다. 그래서 어떻게든 물건을 만들어서 소개했는데, 그 방법은 이러했다.

우선 집을 팔려고 내놓은 고객들에게 일일이 전화해서, 우선 월세로 임대해주면 어떻겠느냐고 제안했다. 월세 수익이 나오는 집이면, 투자 고객에게 매매를 적극적으로 권할 수 있기 때문이다. 임대인들은 내 제안을 받아들였고, 그 덕분에 나는 월세 물건을 확보해 원하는 고객들에게 소개해줄 수 있었다. 또한 전셋집을 구하러 온 고객들에게는 전세 보증금에 조금만 더 보태면 집을 살 수 있다고 제안했고, 그에 따라 고객이 집을 매매하는 경우가 늘어났다. 반대로, 매매할 물건이 없을 때는 전월세를 내놓은 고객에게 연락해서 매매를 권유하고 진행하기도 했다.

이렇게 모두가 만족할 수 있는 윈윈게임을 제안한 덕분에 월세와 전세, 매매 계약까지 수월하게 진행할 수 있었다. 물론 그 과정에서 고객과 약속한 것이 있으면 반드시 철저하게 지켰다. 그런 식으로 신뢰 관계를 유지했기에, 내게는 10년 이상 된 단골 고객이 많다. 이 고객들과는 지금도 안부 전화를 주고받는 돈독한 사이로 지낸다.

미리 성공한 자신을 홍보하라

나는 유튜브를 시작하려고 준비하면서 꽤 유명한 조명 회사에 전화를 걸었다. 다짜고짜 내 연락처를 남기면서 이사님과 통화하고 싶다고 말했다.

이사와 통화 연결이 되자, 우선 내 이름 석자를 말하며 동기부여 강사라고 간략한 자기 소개를 했다. 그러고 나서 앞으로 동기부여 컨텐츠로 유튜브 채널을 운영할 예정인데, 우리나라에서 제일 좋은 조명 회사인 귀사에서 조명을 협찬받고 싶다고 '당당히' 제안했다. 그러면서 난 엄청나게 성장할 사람이니 조명을 협찬해준다면 귀사의 조명 브랜드가 크게 홍보될 것이라고 호언장담했다. 이처럼 나를 믿고 도와주면 당신들에게도 이익이 될 거라는 윈윈게임을 제안했다. 그러자 이사는 원래 협찬을 하지 않지만 특별히 해드리겠다면서 흔쾌히 제안을 수락했고, 약속대로 조명을 보내줬다.

이런 식으로 나는 일을 시작하기도 전에 먼저 성공한 나 자신을 홍보했다. 상대에게도 내게도 이득이 되는 윈윈게임을 제안했고, 원하는 걸 얻을 수 있었다. 때로는 먼저 쏘고 조준하듯, 한 발 앞서가야 한다. 그리고 자신을 믿어준 사람과 자기 자신과의 약속을 지키기 위해 노력을 거듭하는 것이다.

찾아가서 제안해야 돈을 번다

내가 처음부터 나 자신을 홍보하고 남들에게 스스럼없이 제안할 줄 알았던 건 아니다. 가정 형편상 중학교 1학년 때부터 스스로 생존법을 익혀야 했고, 그 과정에서 자연스레 터득한 기술이었다. 그 후 많은 직업과 사람들을 경험하면서 효율적으로 제안하는 방법을 더 깊이 배울 수 있었다.

어릴 적 동두천에서 자라면서, 동네 아이들과 마을 구석구석을 돌아다니며 병을 모았던 기억이 난다. 그렇게 모은 병을 구멍가게 할머니에게 팔아서 용돈으로 썼다. 그런 일을 몇 차례 하고 나니 어떤 병이 값어치가 높고 낮은지 알게 되었고, 이후로는 돈 되는 맥주병 같은 것 위주로 주워서 팔았다. 그때 '몸을 움직여야 돈이 생긴다'는 사실을 깨달았다.

또 내가 돈을 번 방법은 미군들을 상대로 한 것이었다. 우리 동네에는 미군 부대가 있어서 미군들이 많았다. 미군들이 실외 골프장에서 골프를 치면 우리 동네 개울 근처로 공들이 많이 떨어졌는데, 나는 그 공들을 미군들에게 가져가서 "원 달라! 원 달라!" 하며 되팔았다. 먼저 다가가서 거래를 제안한 셈이었다. 이 경험으로 '제안을 해야 물건을 팔 수 있다'는 것을 배웠다.

나는 거기서 더 나아갔다. 일이 내게 오기를 가만히 기다리지 않고 일을 줄 만한 사람을 직접 찾아간 것이다. 미군 가족이 사는 아파트의 초인종을 누르고, 누군가가 나오면 손짓 발짓 해가며 "아 원츄 아르바이트! 워시 더 디쉬! 키친 앤 플로우! 클린 클린! 아이 캔 아이 캔!" 하면서 엉터리 영어로 나를 어필했다. 그렇게 얻은 일로 몇 달러씩 벌면서 돈이 흐르는 곳에 가야 돈을 벌 수 있음을, 두 발로 찾아가서 직접 두드려야 행운을 잡을 수 있음을 체득했다. 이처럼 이런저런 경험을 통해 지금 내가 영업 현장에서 사용하는 전략을 배울 수 있었다. 드라마 〈미생〉에서 나온 '인생이란 바둑판 위에 의미 없는 돌은 없다'라는 대사처럼, 돌아보면 인생이란 모든 시간은 오늘의 나로 성장하기 위한 의미 있는 시간이 되어주었다.

성공적인 제안 공식, HOTE2

제안을 잘하는 방법은 5가지로 요약된다. 나는 이것을 각 방법의 영문 앞글자를 따서 '호테2(HOTE2)'라고 부른다. 그리고 중요한 거래를 할 때마다 '호테에게 물어봐'라는 주문을 스스로에게 걸곤 한다. 5가지 방법을 소개하자면 아래와 같다.

겸손(Humility)

고객을 만날 때는 항상 겸손해야 한다. 상품에 대해 안다고 아는 척 잘난 척하지 말고, 어떤 그릇에도 담기는 물처럼 낮은 자세로 고객을 대해야 한다. 예를 들어 "아직도 이걸 모르셨어요?" 같은 말 대신에 "고객님이 저보다 더 잘 아시겠지만 요즘은 이러저러하잖아요" 하면서 겸손한 말과 표정, 태도를 보이는 것이 중요하다. 고객으로서는 소중한 시간을 쪼개어 영업인을 만나는 것이기에, 늘 감사함을 가지고 대해야 한다. 영업인의 사소한 말과 몸짓에 고객의 마음은 움직인다.

압도(Overwhelm)

실리콘 밸리에서 유래된 '엘리베이터 피치(Elevator Pitch)'란 것이 있다. 엘리베이터를 타고 내리는 30~60초 안에 제품 설명과 거래 제안을 끝마치는 것이다. 찰나와도 같은 시간에 모든 내용을 효과적으로 전달하려면 상대를 압도하는 말과 표정, 몸짓이 필수다. 반드시 엘리베이터 안에서 펼치는 영업이 아니라고 해도, 대체로 영업인은 고객에게 어필할 수 있는 시간이 짧다. 잠깐 동안에 상대의 마음을 쟁취하고 압도할 수 있도록 훈련해야 한다.

신뢰(Trust)

린치핀(Linchpin)이란 마차나 수레, 자동차의 바퀴가 빠지지 않도록 축에 꽂는 핀을 가리킨다. 신뢰는 린치핀 같은 것이다. 값비싼 페라리도 바퀴가 빠지면 소용없듯, 똑똑하고 잘난 사람도 신뢰감을 주지 못하면 호감이 가지 않는다. 고객과의 관계에서도 신뢰가 핵심이다. 영업인은 쉽게 약속하고 호언장담해서는 안 된다. 고객이 영업인을 믿을 수 있게 약속을 잘 지키고 한결같은 모습을 보여줘야 한다. 그러기 위해선 먼저 자기 자신을 신뢰해야 한다. 그런 뒤에야 다른 사람도 그를 신뢰할 수 있기 때문이다. 에머슨의 명언 중에 이런 글이 있다. "자기 신뢰는 성공의 첫 번째 비결이자 영웅의 본질이다." 자기 자신을 믿고, 고객을 만날 때 '당신은 이미 내 고객'이라는 자세로 진심으로 대하면 고객의 마음은 열리게 되어 있다.

간절함(Eagerness)

혹시 지금 뜨겁게 갈망하는 것이 있는가? 뚜렷한 목표를 향해 달려가는 자에게 두려움, 창피함, 허무함은 없다. 오직 뜨거운 열정이 그를 거침없이 내달리게 할 뿐이다. '노력하는 천재'라 불리는 일본 야구 선수 스즈키 이치로는 선수 시절, 365일 중에 시즌 종료일과 크리스마스에만 쉬고 363일 동안 연습했다. 초등학교 3학년 때부터 일류 야구 선수가 되겠다는 열망을 품고 훈련에 매진했고, 결국 전 세계 야구 역사상 가장 많은 안타를 친 선수로 기네스북에 올랐다. 이치로의 성공 비결은 무엇이었을까? 아마도 어릴 적부터 가슴에 품고 있는 이글거리는 간절한 꿈이었을 것이다. 이처럼 갈망과 열정은 목표를 이루는 원동력이 된다. 영업인으로서 고객에게 탁월한 제안을 내놓으려면, 그 마음속에 뜨거운 목표의식이 있어야 한다. 그래야 동기부여가 되어, 고객의 마음에 강렬한 인상을 남길 수 있다.

긴급함(Emergency)

나는 앞서 소개한 방법을 다 썼음에도 고객이 망설이는 경우, 긴박한 느낌을 조성해서 빨리 결정 내리도록 분위기를 몰아간다. '지금 아니면 이 상품을 이 조건에 살 수 없다.', '한정 수량이라 몇 개 안 남았다.', '안 사면 당신만 혼자 손해다'라는 식의 이야기로 고객이 빠르게 결단하도록 부추긴다. 이때도 고객에게 재촉하며 부탁하는 식으로 말하지 않고, 객관적인 시각에서 왜 그 상품이 고객에게 이득이 되는지 설명하고 고객에게 필요한 상품임을 진심으로 권하는 자세로 다가가야 한다.

이심전심 작전을 펼쳐라

고객에게 윈윈게임을 제안하고 거래를 성사시키는 비결을 한마디로 정리하면 '공감'이다. 고객에게 공감해주고 그 형편을 헤아려 딱 맞는 상품을 고객의 눈높이에 맞춰 제안하면, 거래는 성사될 수밖에 없다. 그러기에 영업인은 결코 자기 말만 주입하듯 얘기해서는 안 된다. 고객의 말을 경청하고 공감하며 한마음으로 통해야만, 시원하게 상품도 판매할 수 있다.

영업할 때 내 고향은 전국 방방곡곡이다. 전라도 사람을 만나면 "저도 고향이 전라도여라" 하고 인사하면서 공감을 얻는다. 그 밖에 경상도, 강원도, 충청도 어디든 전부 내 직접적인 고향이거나 간접적인 고향으로 내세워 친근감 있게 다가간다. 고향뿐 아니라 같은 성, 비슷한 연배, 학연, 지연, 혈연 등으로 공감대를 형성해나간다. 나는 공감하려는 시도를 고객과 내가 이어지는 튼튼한 다리를 짓는 행위라고 생각한다. 그래서 어떤 사소해 보이는 요소라도 동원해, 고객의 마음과 연결되려고 노력한다. 이러한 노력이 빛을 발해 고객과 이심전심으로 통하면, 둘 다 행복해지는 윈윈게임이 성사되는 것이다.

3장

고객과 좋은 관계를 맺고 유지하는 법

고객이 고객을 부르는 마법

'언제'는 없다

나는 '언제'라는 표현을 쓰지 않는다. 해야 할 일이 있거나 만나야 할 사람이 있으면 바로 오늘, 또는 명확한 어느 때를 정해 일을 하고 사람을 만난다. 영업할 때에도 마찬가지다. '영업에 있어서 내일은 없다'는 모토로 지금 이 순간에 최선을 다한다. 내가 이렇게 사는 데에는 강렬한 계기가 있었다.

1988년, 휴대폰이 없던 시절의 일이다. 역 인근에 큰 쇼핑센터가 문을 열었는데, 거기에 있던 브랜드 사탕 코너에서 일을 하게 되었다. 어느 날 퇴근해 건물을 나오는데, 바로 앞 공중전화박스에 있던 여자가 나와서 횡단보도를 건너다가 그만 자동차에 부딪히는 광경을 목격했다. 그 여자는 길 건너편에 있는 남자친구를 보고 반가워서 황급히 길을 건너려다가 사고를 당한 것으로 보였다. 여자는 크게 다친 듯했다. 너무나 안타깝고 어이없는 광경이었다. '몇 초 전으로 돌아갈 수만 있다면 얼마나 좋을까' 하고 생각하며 마음이 아팠다.

그 사고를 보고서, 나는 '지금'이 인생에서 가장 소중한 시간임을 알았다. 지금 이 순간은 다시 돌아오지 않는 귀중한 시간이란 사실을 절실히 깨달았다. 그래서 그 뒤로는 지금 당장 좋은 그릇을 꺼내 쓰고, 가장 좋은 옷을 입고, 먹고 싶은 것을 제일 먼저 먹는다. '아끼다 퇴비된다'는 말은 생각할수록 옳다. 나는 일도 내일은 없는 것처럼 했다. 텔레마케터로 일할 때에는 동료들이 목 상태를 걱정해줄 정도였다. 성대결절 직전까지 갈 정도로 고객에게 열심히 상품을 소개했다. 그 무렵 한 고객은 내게 이렇게 말하기도 했다.

"하루에도 수차례 상품 홍보 전화를 받아봤지만, 이렇게 온 힘을 다해 열정적으로 말하는 분은 처음이네요. 무슨 상품인지 정확히 모르지만 이런 분이 권하는 것이니 믿고 가입할게요."라고 말하며 운전을 멈추고 차를 길가에 주차하더니 상품을 가입했다. 이날 얼마나 감동했는지 모른다. 이처럼 나는 오늘만 사는 것처럼 열심히 살며 고객을 만났다.

또한 나는 다른 사람에게 "언제 밥 한번 먹어요", "언제 차 한잔해요"라는 말을 하지 않는다. '언제 한번'이라는 말은 거짓말에 가깝다는 사실을 잘 알기 때문이다. 영업과 인간관계는 신뢰를 바탕으로 두어야 하기에 절대로 말이 앞서거나 빈말을 남발해서는 안 된다. 항상 말과 행동이 일치되도록 노력해야 한다. 그래서 나는 꼭 만나야 할 사람에게 "언제 식사 한번 해요"라는 말 대신 스케줄을 확인한 뒤에 "다음 주 목요일 저녁은 어떠세요?" 하고 물으며 정확한 약속을 정한다.

관계를 위한 사전 탐색은 필수!

사람마다 자라온 환경이며 성향, 기질, 가치관이 다르다. 화초도 종류에 따라서 물 주는 주기가 다르듯, 사람들도 천차만별의 개성을 지니고 있다. 그러므로 영업인으로서 고객과 관계 맺기를 잘하려면, 그 고객의 특성을 파악해야만 한다.

어떤 사람은 자주 연락하는 것을 고마워하는가 하면, 또 다른 사람은 매우 불편해할 수 있다. 또 친해지는 데 시간이 오래 걸리는 사람이 있는가 하면, 첫 만남에서부터 친근하게 말을 놓는 사람도 있다. 그래서 나는 고객을 처음 만났을 때, 그 사람의 말투와 옷차림, 표정, 눈빛, 목소리 등을 유심히 살펴본다. 그러면서 성격 등의 특징을 알아내려고 한다. 일종의 '스누핑(Snooping)'을 하는 것이다. '기웃거리기, 염탐하기'라는 사전적 의미를 지닌 스누핑은 어떤 사람이 살고 있는 장소나 소지품만으로 그 사람의 내면 특성을 파악하는 행위를 일컫는 말로 흔히 쓰인다.

하지만 이처럼 만약 아무런 정보도 없이 모르는 사람이 찾아와 일방적으로 어떤 종교를 권하고, 그에 관한 정보를 시시때때로 메시지로 보낸다면 어떻겠는가? 낯선 사람이 매일 관심도 없는 상품 정보를 보내고 자꾸 찾아와서 사라고 권유하면, 과연 사고 싶겠는가? 무척 귀찮을 것이다. 그러므로 고객에게 효과적으로 다가가려면, 우선 그 사람을 충분히 파악해야 한다. 그리고 공통 관심사를 찾아내, 친밀감과 신뢰 관계를 형성한 뒤에 상품을 소개하는 것이 알맞은 순서이다.

미국의 역대 대통령 중에 가장 소통을 잘한 사람은, 무려 4선에 성공한 32대 대통령 프랭클린 루스벨트(Franklin Roosevelt)라고 한다. 그는 사람을 만나기 전에 그 사람이 좋아하는 분야를 충분히 조사했다. 상대방에게 호감을 주어 기분 좋은 관계를 맺기 위함이다. 또한 2007년 한미 자유 무역 협정 협상에서 우리 측 수석대표였던 김종훈 본부장도 좋은 분위기로 협상을 이끌기 위해 미국 측 대표의 정보를 수집했다. 그 대표의 10대 아들이 태권도를 배운다는 정보를 입수한 김 본부장은 협상 자리에 태권도복과 까만 띠를 가져가 "태권도 종주국인 대한민국 국기원에서 공인한 도복입니다. 아들 선물입니다" 하면서 미국 측 대표에게 주었다. 이 일화는 지금까지도 협상과 관련된 매우 인상 깊은 일로 회자되고 있다.

이처럼 관계와 소통, 협상의 대가는 상대를 만나기 전에 사전 탐색을 한다. 그래야 친밀하고 돈독한 관계를 맺을 수 있고, 그 관계를 적극적으로 리드할 수 있기 때문이다.

고객이 좋아하는 것으로 접근하라

나는 고객을 소개받으면 우선 전화번호를 저장한 뒤, 카톡 프로필과 상태 메시지를 확인한다. SNS를 확인해 친구 추가를 하고, '좋아요'와 댓글을 달아주며 친밀감을 쌓는다. 그러면서 자연스레 고객의 관심 분야와 취미, 성격 등을 파악한다. 만약 골프 사진을 잔뜩 올리는 고객이라면, 처음엔 간단한 메시지를 남긴다.

"안녕하세요. ○○○ 고객님 소개로 전화한 플러스 공인 중개소 실장 김희영입니다. 몇 시쯤 통화 가능하신가요?"

그리고 그 고객이 말한 시간에 정확히 연락해, 만날 시간 약속을 잡는다. 첫 만남에서는 2가지 핵심 키워드만 염두에 둔다. '고객의 취미'와 '원하는 매물'이다. 고객을 만나면 이렇게 말을 건넨다.

"고객님, 골프 좋아하시나 봐요?"

그리고는 "저도 골프를 치는데……," 하면서 공감대 형성의 물꼬를 터주는 이야기를 시작한다. 이렇게 하면 고객은 처음 만나는 자리에서도 훨씬 편안한 마음으로 영업인을 대할 수 있게 된다. 고객의 기분이 최대한 좋아지도록 한 뒤, 다음 요점인 비즈니스 이야기로 넘어간다. 한 번 만났을 때 계약이 이뤄지지 않아도 괜찮다. 이미 친밀감을 쌓은 관계가 되면 인연은 계속 이어지게끔 되어 있다.

내 경우에는, 처음 만난 고객이 키 맨(key man)이 되어 다른 지인들을 소개해주는 일이 많다. 고객의 눈높이로 다가가, 마음의 소리를 듣고 알아주고 신뢰감을 주었기 때문이라고 생각한다. 어떤 고객은 집을 보지도 않은 상태에서 "어차피 25평 다 비슷하죠. 그냥 믿고 계약할게요" 하고 그 자리에서 1,000만 원을 건넨 적도 있다. 또 믿을 만한 지인의 소개라면서 전화상으로 계약을 진행하기도 했다.

하나의 거래가 또 다른 거래를 부르도록!

내가 지키는 또 하나의 철칙은 고객이 소개한 지인은 더욱 철저히 관리하는 것이다. 신뢰가 가는 고객이 소개한 사람이라면 특별히 더 많이 신경을 쓴다. 유유상종이라고, 좋은 고객은 좋은 고객을 소개하게 마련이다. 그래서 그러한 고객들에게는 물질과 시간을 아낌없이 투자했다.

관계에 긍정적인 영향을 주는 데 선물만큼 좋은 것이 없다. 그래서 고객의 특징에 따라서 애완동물을 키우는 사람에게는 애완용품을, 스포츠 마니아에겐 스포츠 관련 용품을 선물한다. 이렇게 고객이 좋아할 만한 선물을 알맞은 때에 하면, 고객은 호감을 갖게 되고 계약도 수월하게 이뤄질 수 있다.

계약이 이뤄진 뒤에도 관계는 꾸준히 이어져야 한다. 나는 공인 중개소를 할 때 고객이 집을 팔아 잔금을 받고 나면, 이제 볼일이 끝났다고 생각하지 않았다. 오히려 그때가 고객과 계속 이어질 수 있는 절호의 기회라고 보았다. 왜냐하면 집을 팔고 돈을 받으면 투자할 수 있는 자금이 생긴 셈이기 때문이다.

나는 이 고객을 다른 거래를 할 수 있는 예비 고객으로 간주하고, 함께 식사를 하면서 자금을 어디에 쓸 예정인지 파악한다. 만일 고객이 월세 수익에 관심을 보이면, 곧장 입맛에 맞는 물건을 찾아서 매매를 제안한다. 그렇게 해서 고객이 그 집을 사고, 그 뒤로도 인연의 고리는 계속 이어진다. 내 경우에는 고객의 집을 전담 관리해주면서 고정 수수료를 받고 장기적으로 월세 관리를 해주었다.

이런 식으로 관계를 10년 이상 이어가는 고객들이 많다. 이제는 거의 가족이나 가까운 친구 같다. 이 원조(?) 고객들은 자녀들의 집을 구할 때에도 나를 찾아오고 형제, 동료, 친구 등 지인들의 거래를 의뢰하기 위해 찾아오기도 한다. 이렇게 연쇄적인 관계 맺기는 얼마든지 가능하다. 종종 한 건의 거래가 예닐곱 건의 거래로 도미노처럼 이어지는 진귀한 경험도 했다.

나의 바운더리 안으로 초대해서 인맥을 유지하라

나는 고객이 이사를 오면 맛집을 비롯해 도서관이나 산책길,

등산 코스 등의 정보를 알려주며 고객이 동네에 익숙해지도록 도왔다. 그런데 이때에도 고객과 관계를 꾸준히 이어가기 위해 쓰는 나만의 비책이 있다. 바로 고객에게 동네 정보를 알려주면서 나의 '바운더리(boundary)'로 들어오게끔 유도하는 것이다.

나는 내가 속해 있는 취미 활동 모임이나 친목 모임에 고객을 초대해 자연스럽게 만남을 유지했다. 뿐만 아니라 고객에게 도움이 필요할 때 세무사, 법무사, 인테리어 전문가 등의 지인을 소개해주기도 하고, 여성 단체 모임에 고객 다섯 명과 함께 가입해 활동하기도 했다.

고객의 성향에 따라서 차분한 사람에게는 독서 모임을, 활동적인 사람에게는 음악 모임이나 운동, 사교 모임을 연결해줬다. 일거리가 필요한 주부 고객을 우리 사업장 명함을 돌리는 홍보 사원으로 채용하기도 하고, 이혼이나 사별로 혼자 지내는 고객에게 어울릴 만한 짝을 소개해주기도 했다. 이런 식으로 끊임없이 내 생활 반경에 고객이 들어오도록 하면, 다양한 인맥을 유지하면서 거래를 할 기회도 그만큼 풍성해진다.

고객 유형별 맞춤 응대법

나는 고객들을 나름대로 분류해, 유형별로 다르게 접근한다. 사람들은 천차만별이지만, 오랜 세월 동안 사람 만나는 일을 하다 보니 대개 몇 가지 부류로 나뉨을 알게 되었다. 여기에 유형별 맞춤 응대법을 간략히 소개하고자 한다.

기운찬 아저씨 유형

성격이 급하고 쉽게 욱하며 자기 주장이 강하고 권위적이다. 이들은 걸음걸이만 봐도 알 수 있다. 대개 급하고 빠르게 걷는다. 따라서 이들은 재빠르게, 신속하게 안내하고 일을 처리해줘야 한다. 자기 말만 옳다는 꼰대 스타일이 많으므로 유의하도록 한다. 그러나 '기분파' 또한 많으므로, 기분 좋으면 결정 또한 빠르다는 장점이 있다. 그러나 변덕이 심한 유형이기도 하니 판매할 때 중요한 부분을 꼭 메모하도록 해서 판매 후 환불이나 컴플레인에 대비해야 한다. 이들을 대할 때에는 칭찬과 공감, 수긍을 하면서 의사 결정을 스스로 하게끔 유도하는 것이 중요하다. 예를 들면 "어머, 끼고 계신 반지를 보니 해병대 나오셨어요? 어쩐지 시원시원하시다 했어요" 하면서 구체적인 칭찬을 통해 '히어로'를 만들어주고 스스로 과시할 수 있는 타이밍을 주면 계약 성사에 큰 도움이 된다.

발랄한 사춘기 유형

사람을 좋아하고 관심 받는 걸 좋아한다. 관계를 중요시하고 즉흥적으로 움직이는 타입이라, 적극적인 관심과 공감을 보여야 한다. 이들에게는 가까운 사람들 얘기를 하면서 판매를 권하면 효과적이다. "얼마 전에 제 동생이 남자친구한테 이 물건을 선물했더니 너무 좋아했다고 하더라고요" 하는 식으로 말이다. 이들을 이성적으로 대하는 건 금물! 감성적으로 접근하며 '우린 다 같은 한 가족 지구인이야!'라는 식으로 대하는 게 좋다.

암전한 아줌마 유형

우유부단한 성격으로 쉽게 결정을 못한다. 그러므로 천천히 적절한 절차에 걸쳐, 성실하고 차분하게 안내하면서 신뢰를 주어야 한다. 신뢰가 핵심이다. 그리고 선택형 질문법과 폐쇄형 질문법을 사용한다. "고객님이 보시기에 빨간색이 좋으세요? 파란색이 좋으세요?" 하고 선택지를 정해놓고 묻거나 '예', '아니오' 중에 하나로 대답이 나오도록 질문하는 것이 좋다. 고객이 같은 말을 되풀이해도 힘든 티를 내지 말고, 고객의 말을 요약해서 다시 물어보면서 친절히 응대해야 한다. 여러 번 참고 듣다가 한 번 못 참고 싫은 티를 내면 돌아서는 유형이기에 인내를 가지고 '괜찮아. 뭐든지 물어봐. 전부 대답해줄게~' 하는 식으로 여유롭게 대해야 한다.

깐깐한 전문가 유형

말을 차분하게 하고 감정을 잘 표현하지 않는다. 좋고 싫음이 정확하고 일처리가 똑 부러지는 타입. 그러므로 언어 예절을 지키고 정확하고 신속하게, 공손하게 대해야 한다. 주의할 점은 고객의 말을 중간에 자르지 않고, 끝까지 듣고 성의 있게 답해야 한다는 것이다. 또한 상품에 대해 설명할 때에는 객관적인 자료, 품질보증서 등을 제시하면서 되도록 정확하게 안내해야 한다.

"고객님, 이 상품은 원래 39만 8,000원인데 오늘만 행사가로 29만 8,510원에 드립니다. 만약 ○○카드로 사시면 무이자 10개월 할부 가능합니다. 애프터서비스는 구입 후 1년 무상이고, 문제가 발생했을 때에는 이 번호로 연락 주시면 신속하게 처리해 드립니다."

이렇게 수치까지 정확하게 얘기해주며, 분명한 정보와 혜택을 제시해야 한다. 한마디로 '당신이 최고 똑똑해! 인간 계산기로 대해줄게'라는 식으로 대하는 것이다.

페어플레이 정신으로 임하라

영업도 페어플레이 정신으로

페어플레이(fair play)란 규정을 준수하고 스포츠맨십에 입각해 정정당당하게 경기하는 태도를 뜻한다. 스포츠뿐 아니라 장사에도 상도덕이란 룰이 있다. 장사라는 게 물론 이윤이 남아야 하지만, 결코 사람을 속이지 말고 정직하게 해야 한다. 양심을 속이는 장사를 하면 당장은 돈을 얻는 것 같아도, 결국에는 돈도 잃고 사람도 잃게 된다. 하지만 올바르게 장사를 하면 돈도 얻고 사람도 얻는 것이다.

예전에 필리핀 패키지 여행을 다녀온 적이 있다. 필리핀 여행은 처음이라 마냥 신기하고 즐거웠다. 가이드가 제안하는 옵션은 거의 다 했다. 그중에 당시 막 알려지기 시작한 라텍스 공장

방문 일정이 있었다. 가이드는 그 공장을 소개하면서 진짜 믿을 만한 제품을 만드는 곳이라고 말했다. 내게 먼지 알러지가 있기에 이불에 대해 관심이 많았던 터라, 알러지를 방지해준다는 이불에 마음이 갔다. 그래서 여행 경비에 몇 배인 200만 원을 주고 제품을 샀다.

그날 저녁, 마사지 숍에 가서 발마사지를 받으려는데 갑자기 마사지사가 전신마사지를 해주는 것이다. 어떻게 된 일인지 물어보았더니 가이드가 마사지 비용을 대신 내주었다고 했다. 정말 감동이었다. 그래서 가이드에게 고마움을 전하고 집에 돌아왔다. 그런데 라텍스 이불을 사용한 지 한 달쯤 되니, 누렇게 변하고 딱딱하게 굳어졌다. 오, 맙소사! 그제야 '당했구나' 싶었다. 가이드가 괜히 마사지 값을 내준 게 아니었던 것이다. 뒤통수를 제대로 맞은 기분이 들었다. 그 뒤로는 그 물건만 봐도 기분이 나빠졌다.

이처럼 부정직한 장사꾼에게 속아 물건을 사면, 물건을 보는 내내 기분이 나쁘고 후회가 된다. 하지만 반대로, 정직한 장사꾼에게 좋은 물건을 샀을 때에는 오래도록 마음이 훈훈하다. 물건을 쓰는 내내 따뜻한 마음이 들고 기분이 좋다.

이와 같이 좋은 상품을 판매하는 건 고객에게 물건과 함께 즐거운 추억과 좋은 경험까지 선물하는 것이다. 그렇게 좋은 경험을 한 고객은 물건을 만든 회사에 대해서도 호감을 가지게 되며,

스스로 주변에 입소문까지 내준다. 그러면 자연스레 새로운 고객이 걸어 들어오게 되는 것이다. 그러므로 좋은 상품을 바르게 판매하는 것이야말로 돈 한푼 안 들이고 확실하게 고객을 확보하는 최상의 방법이다.

최인호의 장편소설 《상도》에는 이런 구절이 나온다.

"장사란 이익을 남기기보다 사람을 남기기 위한 것이다. 사람이야말로 장사로 얻을 수 있는 최고의 이윤이며, 따라서 신용이야말로 장사로 얻을 수 있는 최대의 자산인 것이다. 작은 장사는 이문을 남기기 위해서 하지만 큰 장사는 결국 사람을 남기기 위해서 한다."

이처럼 장사를 할 때에는 눈앞에 돈을 쫓지 말고, 넓은 시야로 사람을 얻기 위해 한다는 마음을 가져야 한다. 믿을 만한 제품으로 사람을 만족시키면서 신뢰 관계를 구축하다 보면, 결국은 그 사람이 이윤을 가져오게 마련이기 때문이다.

고객에게 행복과 감동의 체험을 주자

미국의 온라인 쇼핑몰 자포스(Zappos)는 연 매출 10억 달러(원화로 약 1조)에 재구매율 75퍼센트를 기록하고 있는 성공적인 회사다. 자포스는 '세상에 행복을 배달한다'는 목표를 세우고 인터넷 쇼핑몰 최초로 무료 배송, 무료 반품 서비스를 제공했다.

또한 직원이 행복해야 고객에게 진정한 친절과 감동을 선사할 수 있다면서, 직원들에게 최고의 복지를 제공했다. 직원들이 전화 업무를 감당하는 부서를 '콜센터' 대신 '컨텍 센터(Contact Center)'라고 이름 짓고, 통화 시간 제한 없이 편안하게 고객과 상담하도록 했다. 그래서 어떤 직원은 한 고객과 열 시간 이상 상담한 일도 있다고 한다. 자포스는 상품과 함께 고객 감동을 제공하려고 하는 회사다. 오늘날 성공한 많은 기업들이 이러한 방식으로 경영되고 있다. 사람에게 감동을 주어 평생 고객이 되도록 하는 것이 장기적으로 보았을 때 회사에 득이 되기 때문이다.

나도 이런 방식으로 영업을 하였다. 어떤 물건을 팔아서 내게 이득이 얼마 남을까 계산하기보다는 고객에게 행복과 감동을 선물하는 것을 중점에 두었다. 고객에게 감동을 주려면 우선 고객과의 공통점을 찾아 동질감을 느끼게 해야 한다. 그리고 고객의 말을 귀 담아 들으면서 언행과 감정, 정서를 관찰해 거울처럼 따라 했다. 사투리를 쓰면 나도 따라서 엇비슷한 사투리를 쓰고, 말이 빠르면 빠르게, 느리면 느리게 응대하는 것이다. 그리고 고객이 미안할 정도로 사소한 요구도 놓치지 않고 만족시켜주면 결국 고객은 감동하고 평생고객이 된다

상품을 권할 때 생각해보아야 할 3가지

나는 고객에게 상품을 권할 때 항상 3가지를 고려한다.

첫째, 고객에게 필요한 것인가?

둘째, 고객의 형편에 적합한가?

셋째, 고객에게 도움이 되는가?

이 3가지 질문들은 내 이익이 아닌 고객의 만족을 우선으로 두고, 고객이 원하는 것을 파악해 눈높이에 알맞은 상품을 제안하기 위함이다.

고객에게 딱 맞는 양질의 제품을 권할 때 영업인은 당당하다. 내가 이익을 보겠다는 마음으로 고객에게 다가갈 때는 두렵기도 하고 움츠러들기도 한다. 하지만 진심으로 고객을 돕겠다는 마음을 가지고 있으면 자신감이 넘치고 어깨가 쫙 펴진다. 그런 자세를 지닌 영업인이라면 고객에게 깊은 신뢰를 주어 판매는 자동적으로 따라오게 된다. 그러므로 당장에 눈에 보이는 적은 이득의 돈이 아닌 고객을 길게 내다보고 큰이득의 돈을 볼줄 알아야 한다. 고객이 정말 무엇을 꼭 필요로 하는지, 어떤 제품이 적합하고 도움이 될지를 판단해 제안한다면 거래가 성사될 뿐 아니라 평생 고객을 얻게 될 것이다.

'다다다' 마케팅

행동 경제학에 '프로스펙트 이론'이라는 것이 있다. 그 이론에 따르면 이익은 여러 번에 걸쳐 나누어주고 손실은 한꺼번에 알려주는 것이 고객에게 만족을 주는 이론이다.

예를 들어, 정가 5만 원인 상품을 1만 원 할인해주는 상황이라고 가정해보자. 이때 "원래는 5만 원인데 1만 원 할인해서 4만 원에 드릴게요" 하고 말하지 않고, "5만 원짜린데 오늘은 특별히 단골 할인 5%, 계절 할인 5%, 주부 할인 5%, 선착순 할인까지 5% 더해서 1만 원이나 할인해 4만 원에 드릴게요" 하는 식으로 여러 번 혜택을 주는 것처럼 설명해주는 것이다. 그러면 고객 입장에서는 똑같은 금액을 할인받으면서도 '대박! 이렇게 많이 할인해주다니 횡재했네' 하면서 기분이 좋아진다.

나도 화장품 대리점을 운영할 때 이 방법을 사용했다. 혜택을 다다다 쏘듯이 설명한다고 '다다다' 마케팅이라고 이름 붙였다. 고객을 만나면 상품 제안에 앞서 친밀감을 형성하는 질문을 던진다. 이때 두세 번 Yes란 대답이 나올 수 있도록 가벼운 질문을 던지는 것이 좋다. "오늘 밖에 날씨가 너무 좋죠?", "점심은 드셨어요?" 하는 식의 질문들이다. 긍정적인 대화가 되도록 밝은 질문을 한 뒤 본격적으로 상품과 그에 따른 혜택을 소개한다.

"이 제품을 오늘 주문하면 2만 원 상당에 여행용 3종 키트를 특별히 증정해드려요. 거기에다 15만 원 이상 구입하면 피부 관리 한 달권을 증정해드려요. 덧붙여 관리 받아보시고 좋아서 지인에게 소개해주시면 피부 관리 1회권까지 추가로 드려요."

이런 식으로 혜택을 하나하나, 여러 번 나누어서 설명했다.

이런 이야기를 들으면 고객은 상품 하나에 엄청 많은 혜택이 주어지는 것처럼 느껴져, 기대와 만족감이 그만큼 커지게 된다.

물건 판매 후에도 다다다 마케팅은 계속된다. 고객에게 수시로 연락해서 제품을 잘 사용하고 있는지, 어려운 점은 없었는지 물어보면서, 끊임없이 배려받고 관리받는 듯한 느낌을 준다. 또한 특별한 날씨나 빼빼로데이, 삼겹살데이, 밸런타인데이 등의 각종 행사와 기념일 등도 놓치지 않고 연락하면서 그 고객을 중요하게 생각하고 있음을 느끼게 해준다. 이처럼 고객과 마치 연애하듯이 꾸준한 관심과 사랑을 보여주며, 영업인을 자신에게 혜택을 많이 준 사람으로 각인시키는 것이 다다다 마케팅의 핵심이다.

가치를 높여 자신과 동등한 물건을 판매하자

세계적인 부호인 워런 버핏과 점심 한 끼 식사값이 47억 원이 넘었다고 한다. 그 이유는 비싼 음식을 먹기 때문이 아니라 그만큼 가치있는 사람과 함께 한다는 시간의 값이라고 생각한다.

이처럼 비싼 상품을 팔려면 먼저 자신의 가치를 높여야 한다. 가치 있는 사람이 진정 가치 있는 물건을 판매할 수 있기 때문이다. 그런 사람에게 물건을 사면, 그것이 아무리 비싸다 해도 고객은 오히려 감사한 마음이 든다. 그러나 똑같은 물건을 수준 낮은 사람이 판매하려고 나선다면, 당연히 팔리지도 않을뿐더러

외면을 당하게 된다

그리고 만약 외모도 뛰어나지 않고, 능력도 성품도 좋지 않은 사람이 잘난 사람과 결혼할 수 있을까? 당연히 할 수 있다. 먼저 훌륭한 사람을 만나려면 본인도 훌륭해져야 한다. 꼭 외모가 아니더라도 인성, 성격, 능력 등 다른 면을 노력해서 가치를 높이면 된다. 요리사는 요리 실력을, 가수는 노래 실력을 키워야 더욱 성장할 수 있다.

영업 사원도 마찬가지다. 최고의 영업인이 되려면 우선 자기 자신의 수준부터 끌어올려야 한다. 상품에 대한 지식, 고객을 응대하는 매너와 기술을 공부하고 외모도 가꾸어야 한다. 내가 판매하는 상품의 전문가가 되기 위해 끊임없이 노력을 거듭해야만 한다. 그렇게 능력을 갖춘 뒤에 영업 현장에 나가서 정정당당하게 상품을 판매하는 멋진 영업인이 되어야 한다. 고객의 눈높이에서 가장 필요한 것을 파악하는 기술, 그것을 효과적으로 판매하는 기술, 꾸준히 고객과 소통하면서 신뢰 관계를 유지하는 기술은 거저 얻어지지 않는다. 그러니 겸손한 자세로 꾸준히 공부하고 노력하는 것만이 프로영업인이 되는 길이다.

감정 쓰레기와 함께 잠들지 마라

그날의 감정 쓰레기는 그날 해소하라

배가 갑자기 아프고 꾸르륵 소리가 요동치면, 아무리 중요한 맞선 자리라 해도 화장실로 직행해야 한다. 격식 차린다고 꾹꾹 참으면 대참사가 벌어지고 말 것이다. 우리 마음에서도 불편한 감정이 솟구쳐오르면 그때그때 말끔히 해소해줘야 한다. 무시하고 참았다가는 한꺼번에 폭발하거나 정신 장애로 이어질 수 있기 때문이다.

나도 한때 감정을 쌓아두는 사람이었다. 감정에 쌓인 쓰레기를 처리하지 못해 영업 일을 할 때 스트레스가 이만저만이 아니었다. 그러다가 번아웃이 와서, 일도 하기 싫고 사람도 만나기 싫었다. 하지만 일은 해야 했기에, 그 문제를 해결하려고 노력했고 나만의 방법을 찾았다. 바로 매일 감정 쓰레기를 비우는 것이었다. 그 방법을 쓴 뒤로는 다양한 서비스 업종에 종사하면서 별별 상황과 사람을 만나서도 정신이 흔들리지 않고 유연하게 대처할 수 있었다.

공인 중개소를 운영할 때의 일이다. 집을 매입하러 온 50대 고객이 똑같은 집을 10번 넘게 보면서도 마음의 결정을 하지 못했다. 확인해야 할 목록은 아주 다양했다. 아침에 해가 들어오는지, 저녁에 시끄럽지 않은지, 비 오는 날 물이 새지 않는지, 주말에 집 앞이 시끄럽지 않은지, 변기 물은 잘 내려가는지 등등 참으로 갖가지를 확인하고 싶어했다. 똑같은 이유로 다시 집을 봐야겠다고 해서 "저번에 그 부분 보셨는데요" 하고 말하니, 한번만 다시 확인하고 계약하겠다고 했다. 그러고서는 결정을 또 미뤘다. 하도 그러니까 나중에는 이번엔 뭘 보겠다고 할 지 궁금해지기도 했다.

나는 나중에 오기가 생겨 이 고객을 결코 포기하지 않았다. 10번 아니라 100번이라도 보여주겠다는 각오로 낮밤 휴일 가리지 않고 그 고객을 만났고, 고객은 결국 늘 보았던 집을 계약했다. 당시 내가 그럴 수 있었던 것은 감정 쓰레기통을 제때 비웠기 때문이다. 그날 쓰레기는 그날 바로 처리했기에, 다음날이면 그 고객을 처음 만나듯 대할 수 있었다. 만약 내가 감정을 계속 쌓아둔 채 처리하지 않았다면, 전날 고객에 대해 느낀 불쾌함이 남아 '아니, 어제도 오고 그제도 오고 장난하나' 하며 투덜댔을 것이다. 그리고 나쁜 감정 때문에 계약을 성사시키지 못했을 것이다. 감정 쓰레기는 고객과의 관계에서만 발생하지 않는다. 가족이나 친구 등과 다투고 마음이 상했을 때에도 생겨난다. 만약 감정 쓰레기통을 깨끗이 비우지 않은 채로 일하면 능률이 오르지 않고 생활에도 지장을 주게 된다. '근주자적(近朱者赤)'이란 말이 있다. 붉은빛을 가까이 하면 붉게 된다는 뜻이다. 이처럼 우울한 사람 옆에 있으면 우울함이 전염되고, 밝은 사람 옆에 있으면 밝은 기운이 전염된다. 그런데 고객을 대하려면 밝은 감정을 유지하는 것이 중요하다. 감정은 행동으로 이어지기 때문이다. 영업인이 감정 처리를 잘해야 하는 이유가 여기에 있다.

감정 노트를 쓰는 법

나는 감정 쓰레기와 함께 잠들지 않으려고 한다. 가능하면 잠자기 전에 그날의 불쾌한 감정을 깨끗이 해소하고 잠자리에 든다.

그렇다면 어떻게 감정을 해소하는가? 방법은 간단하다. 마음에 남아 있는 감정의 찌꺼기를 노트에 적는 것이다. 뇌 과학에서도 입증된 방법으로서, 감정을 글로 표현하면 그 일에 대한 내 감정을 알아차릴 수 있게 되고 안와전두피질이라는 곳에서 감정을 조절해 이성적인 사고를 할 수 있게 된다고 한다. 나는 사실 이런 사실을 모르고 했는데, 놀랍게도 과학적인 방법이었다.

이처럼 나는 자기 전에 항상 마음속에 남아 있는 감정에 대해 글로 쓴다. 자러 가다가 번뜩 또 다른 감정 쓰레기가 올라오면, 다시 불을 켜고 일일이 적어서 처리한 뒤, 편안하게 잠이 든다. 날마다 이것을 반복해 마음을 깨끗이 한다. 감정 노트 쓰는 법은 쉽다. 예를 들어, 고객과 며칠 동안 여러 집을 봤는데, 정작 계약은 다른 공인 중개소에 가서 했을 경우를 가정해보자.

첫 번째, 내 감정 그대로 쓰기

"고생만 하고 허탈함이 드네." 하는 식으로 말이다.

두 번째, 객관적인 입장으로 날 바라보기

"희영아, 며칠간 집 보여주느라 고생했는데 고객이 다른 곳에 가서 계약하다니, 정말 서운하고 화나겠다."

세 번째, 상황을 이해하기

"그런데 더 좋은 조건의 집이 나오면 나라도 당연히 그 집을 계약하지 않을까? 집을 보는 사람마다 전부 계약할 수는 없어. 마음에도 안 드는 집을 억지로 계약했다면 나중에 문제가 됐을 거야. 그 고객은 나와 이어질 인연이 아니었어! 아주 다행이야! 넌 운이 좋아, 앞으로 더 좋은 사람들이 줄줄이 찾아올 거야. 괜찮아. 수고 많았어. 사랑해. 파이팅!" 하면서 나에게 이로운 쪽으로 상황을 해석하고, 글로 써서 객관화해서 보고, 감정 쓰레기를 해소한다. 어떤 일이던 오늘의 교훈 한 가지를 쓰고 마무리로 '아주 다행이야! 넌 운이 좋아!'라고 쓴다.

감정이 상한 원인을 파헤쳐라

사람은 하루에도 5만에서 6만 가지 생각이 잠재 의식에서 올라온다고 한다. 만약 정리되지 않고 체한 듯 걸려 있는 감정이 있다면, 에너지를 낭비시키고 새로운 것을 받아들이는 데 장애물이 될 것이다. 우리가 음식을 먹고 장을 비워야 다른 음식을 먹을 수 있듯이 감정도 제때 처리해야 건강한 삶을 살아갈 수 있다.

감정 찌꺼기를 처리하는 방법은 2가지다. 먼저 감정이 상한 원인이 나 자신에게 있는지, 타인에게 있는지 살펴본다. 원인이 내게 있다면, 먼저 기분이 나빴던 일을 글로 쓰고 왜 그토록 마음이 상했는지를 객관적으로 바라본다. 거리를 두고 상황을 보면, 자기 자신을 좀 더 정확하게 알 수 있다. 이때 노트나 에스엔에스에 비공개로 글을 써도 좋고, 핸드폰 동영상으로 자신의 상황과 느낌을 속 시원히 말하는 것을 찍어보아도 좋다. 어떤 방법을 쓰든 목적은 자신의 모습을 객관적으로 보는 것이다. 그러면 내가 과민 반응을 보이는 건지, 정말 기분 나쁠 만한 상황인지 알게 된다. 어떤 부분이 화가 나는지도 깨닫게 된다.

한 예로, 오랜만에 동창회에 나갔는데 아무도 말을 걸어주지 않아 화가 났다고 치자. 그렇다면 그런 상황의 원인이 누구에게 있었는지 먼저 생각해봐야 한다. 만일 내가 먼저 다가가는 일 없이 누군가 먼저 말을 걸어주기만을 기다렸다면, 나 홀로 동창회가 된 원인은 나에게 있을 것이다. 내가 적극적으로 다가갔더라면 다른 친구들도 거기에 반응을 보였을 가능성이 높다. 반면에 내가 말을 걸면서 적극적으로 다가갔음에도 친구들이 호응하지 않았다면, 그 상황이 벌어진 원인은 예의와 배려심 없는 친구들이 된다. 그러면 그때는 쿨하게 '이런 동창회는 다음부터는 나가지 않는 게 좋겠다'고 결론 내리고 불쾌했던 감정을 비우고 잠자리에 들면 된다. 그리고 감정노트에 오늘의 교훈으로 '가치없는 일에 감정 낭비하지 말자'라고 쓴다.

긍정적인 감정을 선택하라

감정을 의식적으로 선택할 수 있는 건 인간뿐이다. 차들로 꽉 막힌 도로 위에서 짜증, 불만, 불평 3종 세트를 선택할지 '어차피 막히는 것 이참에 좋아하는 폴 킴 노래나 들어보자' 하고 유쾌한 감정을 선택할지는 각 사람의 자유 의지에 달렸다.

감정이 자동차와 같다면 어떨지 한번 상상해보자. 오른쪽 길이 막힌다면 핸들을 꺾어 방향을 바꿀 수도 있고, 갓길에 세울 수도 있다. 차 안 공기가 답답하다면 창문을 열어 바깥 바람을 쐴 수도 있다.

만약 기분 나쁜 것이 계속 생각나면서 감정이 올라오면, 자동차를 운전 중이라고 상상하고 천천히 브레이크를 밟아보자. 그리고 창문 열 듯 마음을 열고 크게 심호흡하며 감정의 균형을 잡아보자. 그래도 생각이 나고 기분이 나쁘면, 핸들을 틀어 다른 생각을 해보자. 좋아하는 음식이나 취미 같은 설레는 것을 생각하며 마음을 전환해보자. 이렇게 하면 정말 감정이 바뀌는 걸 경험하게 될 것이다.

난 기분이 가라앉으면 노란색 원피스를 떠올리거나 강아지랑 논다. 떡볶이를 좋아해서 떡볶이 먹방 유튜브를 보거나 단골 떡볶이 집에 가서 한 그릇 먹기도 한다. 또는 '최애' 음료 닥터페퍼(Dr. Pepper)를 마시거나 자이언티(Zion.T) 음악을 듣고, 개그 유튜브를 본다. 그러면 칙칙했던 기분이 거짓말같이 환해진다. 속상한 일이 있을 때, 화가 날 때, '절대 그런 일이 있어선 안 돼'라는 마음가짐보다는 '살다 보면 그럴 수 있지'라는 넉넉한 마음으로 사는 게 도움이 된다.

현대인은 매 순간 선택을 하며 산다. 하다못해 과일 하나를 사도 동네 마트에서 살지, 백화점에서 살지 선택한다. 물건이나 중요한 결정만 선택할 수 있는 건 아니다. 감정도 쇼핑하듯 얼마든지 선택할 수 있다. 우울하고 어두운 감정이 생기면 "이건 별로야. 냉큼 꺼져 줄래?" 하고는 밝고 유쾌한 감정으로 체인지하라. 감정의 쇼핑에는 돈이 들지 않는다. 개그 프로그램이든 산책이든 음악이든, 유쾌한 감정을 파는 곳을 찾아가 사라. 내 의지에 따라 감정은 바뀔 수 있다.

고객이 말하지 않은 소리까지 들어라

쿠폰과 함께 등장한 그녀

몇 해 전, 피부 관리실을 운영하면서 겪은 일이다. 나는 오픈 행사로 5,000원에 피부 관리를 받을 수 있도록 하는 쿠폰을 만들어서 사람들에게 나눠줬다. 그리고 얼마 뒤, 범상치 않은 외모의 중년 여성이 쿠폰을 들고 카리스마 넘치는 걸음걸이로 가게에 들어섰다. 방금 미스코리아 대회에 나갔다 온 듯한 사자머리에 바바리 코트 차림이었다.

고객은 쿠폰을 사용해 1회 관리를 받고 나서는, 시원하지 않다며 서비스로 한 시간 반 코스의 피부 관리를 받고 있었다. 그런데 갑자기 그 고객이 벌떡 일어나더니 얼굴에서 팩을 확 잡아 떼면서 "하, 진짜! 시끄러워서! 이 동네 수준 낮아서 관리 못 받겠네! 강남하고 수준 차이가 너무 나!" 하면서 밖으로 나가 옷을 입으려는 것 아닌가. 나는 우선 고객을 진정시켰다.

"아고, 죄송합니다. 관리 받는데 많이 시끄러우셨죠? 조심한다고 했는데 본의 아니게 소리가 컸던 거 같습니다."

이렇게 정중하게 사과하며 고객의 마음을 풀어주고, 조용한 시간에 특별한 관리를 다시 받을 수 있노록 제안했다.

이후 다시 방문한 고객은 한 달 정기권을 끊고 갔다. 그러나 올 때마다 직원들을 힘들게 했다. "커피를 드릴까요?" 하고 물으면 "노(No)" 하며 다른 차를 요구했고, "이쪽 베드로 오시겠어요?" 하면 또 "노(No)" 하면서 이미 손님이 있는 자리를 요구했다. 이처럼 항상 "노, 노" 해서 우리는 그녀를 '노노 고객님'이라 불렀다.

이왕 잘해줄 거면 끝장을 보자

그 뒤로도 노노 고객님은 직원과 나를 힘들게 했다. 마음을 여는 것 같다가도 불만족스럽다고 툴툴대서 "저기요, 환불해드릴게요. 그만 가주시겠어요?"라는 말이 목구멍까지 올라왔지만 간신히 참았다. 하지만 어느 날 그 고객이 관리를 마쳤는데도 나가지 않고 마사지 의자에 앉아 몇 시간째 혼자 있는 모습을 보고 측은한 마음이 들었다. 그래서 마음을 새롭게 다잡으며, 최선을 다해 잘해주자고 생각했다.

그래서 이왕 잘해줄 거면 끝까지 잘해주기로 마음먹고 한결같이 대하자, 노노 고객님의 표정이 조금씩 밝아졌다. 그러면서 서서히 마음의 문을 열고 살아온 얘기, 고민거리 등을 털어놓기 시작했다. 그 후에는 시원한 커피나 맛있는 간식을 사다 주기도 했다. 엄청 까칠했던 고객이 조금씩 달라지는 게 신기했다. 그 모습을 보면서 역시 사람 마음의 옷은 거센 바람이 아닌, 따스한 햇볕이 벗길 수 있음을 절실히 깨달았다.

우리의 키 맨이 되다

'노노 고객'으로 불리며 '진상'에 가까운 느낌을 주었던 그 고객은, 어느새 100만 원 정기권을 끊고 관리 받는 단골 고객이 되었다. 거기서 그치지 않고, 우리 관리실에 고객을 불러오는 '키 맨'이 되었다.

첫 방문 이후 몇 달이 지난 어느 날부턴가 고객은 지인들을 대동하고 오기 시작했다. 고객이 데려온 남편과 동생, 운동 친구 덕분에 우리 관리실의 단골이 점점 늘어났고 매출도 상승했다. 그 고객은 자기가 다니는 미용실이나 옷가게 등의 사장들에게도 우리 관리실의 쿠폰을 나눠주면서 열정적으로 홍보하기까지 했다. 만약 그 고객이 처음에 화를 냈을 때 내가 똑같이 얼굴을 붉히며 화를 냈다면 어땠을까? 아마도 그 고객이 단골이 되어, 또 다른 단골을 여러 명 데리고 오는 일은 없었을 것이다.

이처럼 까다로운 고객을 열성 키 맨으로 만든 비결은 바로 이

청득심(以聽得心), 즉 '귀 기울여 들어서 사람의 마음을 얻은' 덕분이었다고 생각한다. 한결같은 태도로 경청하면서 친구처럼 공감해줬더니, 고객의 마음이 열리고 끈끈한 관계를 맺게 되었다.

미국의 경영학자 피터 드러커(Peter Drucker)는 "의사소통에서 제일 중요한 건 상대방이 말하지 않는 소리를 듣는 것이다"라고 했다. 영업은 바로 그 들리지 않는 소리를 듣는 행위임을 명심한다면, 어느 손님이든 자신의 키 맨으로 만들 수 있다.

노노 고객을 최고 단골로 만든 비법

까다로운 고객을 최고의 손님으로 만드는 방법은 어렵지 않다. 고객이 아무리 화를 내고 소리를 쳐도 감정적으로 동요하지 않고, 차분히 고객의 의도를 파악해 대응하면 된다.

노노 고객이 관리 도중에 화를 내며 전하고자 했던 핵심은 '나에게 집중하고 관심을 가져!'였을 것이다. 이처럼 말과 행동 속에 숨은 메시지를 알아채는 것이 바로 앞에서 말한 '상대방이 말하지 않는 소리를 듣는 것'이다.

일단 뜻을 파악했다면, 역지사지로 고객의 마음을 공감해줘야 한다. 그러면서 사과가 필요하다면 진심 어린 사과를 하고 고객의 감정을 인정해주는 것이 필요하다.

노노 고객의 입장에서 생각해보면, 팩으로 눈을 가린 상태라 청각이 예민해져 있는데 시끄러운 소리가 들려와서 짜증이 났을 것이라고 이해했다. 그래서 그런 고객의 마음을 내 마음처럼 받아들이고 다독여주었다. 그리고 고객이 전하려는 숨은 메시지를 읽고서, '집중 관심 관리' 처방으로 고객의 욕구를 채워주었다. 그래서 분위기 좋은 식당에가서 함께 식사도 하고 차도마셨다.

내가 진심으로 다가가 진정성 있게 사과하고 마음을 읽어주며 적절한 조치를 취했기에 고객은 화를 누그러뜨리고 다시 왔다고 생각한다. 그리고 나중에는 내 마음과 필요도 채워주는 아주 좋은 고객이 되었다.

그당시 만약 내 입장에서 '별것도 아닌 걸로 왜 저렇게 짜증이야?' 하고 생각하면서 "다른 분들 관리받는데 여기서 이러시면 안 돼요" 하고 대응했다면, 아마 그 고객은 더욱 화를 내며 다시는 우리 관리실을 찾지 않았을 것이다. 그랬다면 엄청난 이득을 선사해줄 수 있는 고객을 얻지 못하였다. 그러기에 고객이 말하지 않는 소리에 귀기울여야 한다.

4장

초영향력을 얻기 위한 13가지 액션 플랜

걸어 다니는 광고판이 되라

팔딱팔딱 튀어오르는 물고기처럼

화장품 지사를 열었을 때, 개업식을 마치고 소위 '개업 빨'이 떨어지자 손님이 전혀 없었다. 고객을 마냥 앉아서 기다릴 수는 없었기에, 당장 바깥으로 나가서 이곳저곳을 발로 뛰며 홍보에 나섰다. 열정적으로 온종일 뛰어다니며 홍보를 했던 것은 내 선택이 아닌 고객의 선택으로 내 사업장의 성패가 좌지우지되지 않기 위함이었다.

강에 가서 물고기를 보면 헤엄치는 모습이 다양하다. 그중 죽은 물고기는 물살에 떠밀려가지만, 살아 있는 물고기는 자기가 원하는 방향으로 헤엄치며, 때로는 거센 물살을 힘차게 거슬러 가기도 한다. 나는 죽은 물고기처럼 살기는 싫었다. 하루를 살아도 팔딱팔딱 뛰어오르고 역동적이고 생명력 넘치는 살아있는 물고기로 살고 싶었다. 그래서 되는 대로 내버려두지 않고, 주도적으로 앞길을 개척해나갔다. 눈앞에 장애물이 나타나도 낙심, 불평, 불만하지 않고 얼른 움직여서 장애물을 치웠다. 그러면서 내가 이르고자 하는 목표 지점까지 날마다 아주 조금씩이라도 나아가려고 애를 썼다.

최선을 다하지 않는 게 창피한 것이다

한번은 전철역 앞에서 홍보물을 나눠주다가 우연히 동창생을 만났다. 그 친구는 정신없이 전단지와 명함을 돌리는 나를 보더니 깜짝 놀란 표정으로 물었다.

"희영아, 여기서 뭐해? 너 요즘 많이 힘드니?"

나는 전혀 당황하지 않고 이렇게 되받아쳤다.

"그래. 네가 주변에 소개 좀 많이 시켜줘."

나는 그 친구의 물음에도 전혀 창피하지 않았다. 오히려 당당함을 느꼈다. 나는 주어진 나의 그라운드를 열심히 뛰고 있기 때문이다. 내게 창피한 일은 남들이 날 어떻게 볼까 늘 눈치 보는 것이고, 그런 까닭에 내가 하고 싶고 해야만 하는 일을 제대로 하지 않는 것이며, 그 결과로 내가 응당 누려야 할 권리를 갖지 못하는 것이다. 예를 들어, 영업인이 일을 안 해서 급여가 적은 것, 학생이 공부를 안 해서 좋은 성적을 얻지 못하는 것, 운동선수가 연습을 안 해서 실력이 늘지 않는 것 등이다. 자신에게 주어진 환경에서 최선을 다하지 않고 '되는 일이 없어서 사는 게 괴로워' 하며 행복을 거저 얻으려고 하는 것이야말로 스스로에게 부끄러운 일인 것이다. 몇 해 전 '남이섬 청소부'로 일하는 사람에 대한 신문 기사를 읽은 적이 있다. 그 사람은 교장 은퇴 후 남이섬에 취직해 청소를 했다. 예전 동료들은 그에게 돈에 환장했느냐고, 교장 체면을 다 망가뜨린다고 얘기했지만 그는 자기 일에 만족하며 묵묵히 최선을 다할 뿐이라고 말했다. 바닥에 떨어진 낙엽으로 하트를 만들어 방문객들을 행복하게 해주면서 말이다. 그는 근면성실하게 일해서 입사 반 년 만에 승진도 했다.

이처럼 주어진 일을 열심히 하다 보면 보상이 따른다. 건강도 일도 공부도 관계도 노력하면 기쁨의 열매를 거둘 수 있다. 공자의 명언 중에 '어디를 가든지 마음을 다해 가라'는 말이 있다. 지금 당신은 어디에 있는가? 무엇을 이루고 싶은가? 만약 당신이 주어진 환경에서 목표를 이루기 위해 최선을 다한다면, 언젠가는 꿈꾸던 곳에 이르게 될 것이다.

목적지에 가는 것이 중요할 뿐

우리에게 목적이 있다면, 그 목적을 이루는 것이 가장 중요하다. 목적지까지 가는 동안 구멍 난 신발을 신고 가느냐, 벤츠를 타고 가느냐 하는 건 전혀 중요하지 않다. 그런 쓸데없는 것을 일

일이 신경쓰다 보면 내가 애초에 어디를 가려고 했는지조차 잊게 된다.

만약 가수가 꿈이라면, 청소를 하든 그릇을 닦든 당장에 할 수 있는 일을 하면서 돈을 벌면 된다. 그 돈으로 레슨 비용을 지불하고 실력을 쌓아가다 보면, 언젠가 음반 제작도 하고 무대에 설 기회도 얻게 되는 것이다. 목표가 분명하면 그것을 성취하는 과정도 소풍처럼 즐겁다. 하루 종일 고되게 일하면서도 퇴근 후 사랑하는 사람을 만날 생각에 몸도 마음도 즐거운 것처럼 말이다. 그러니 '이런들 어떠하리, 저런들 어떠하리' 정신으로 버스를 타든 전철을 타든, 아니면 걸어가든 목적지에 도착하는 일에만 집중하자. '개같이 벌어서 정승같이 쓴다'는 옛말이 있다. 나는 이 말을 이렇게 바꿔보고 싶다. '정승같이 우아한 꿈을 위해 개같이 노력하자.'

먼저 마음을 최적화하라

나는 화장품 매장을 시작할 때, 3년 안에 빚을 갚고 신도시에 25평 아파트를 매입하겠다는 분명한 목표가 있었다. 그 목표를 이루려면 매장에서 손님이 오기만을 기다릴 수는 없었다. 그래서 화장품 로고가 새겨진 큰 쇼핑백에 샘플과 팸플릿, 메모할 수 있는 노트와 펜을 넣었다. 그리고 그 가방을 들고서 사람들이 모여 있는 곳이라면 어디든 찾아가서 제품을 홍보했다.

현장에 나가기 전에는 늘 '마음의 최적화'를 실천했다. 이 일은 내가 가장 중요하게 생각하는 것으로, 마음을 밝게 하고 든든히 지키기 위한 여러 가지 준비다. 우선 나를 원더우먼처럼 힘이 나게 하는 옷을 골라서 입는다. 돌아다니기에 발이 편안한 신발을 신고, '행운을 끌어들이는 마법 향수'라고 이름 붙인 향수를 칙칙 뿌린다. 마지막으로 목표를 적은 메모지와 마음에 힘을 마음에 힘을 주는 글귀 등을 쓴 종이를 지갑에 넣는다.

이렇게 마음을 보호하고 자신감을 불러일으키는 각종 무기들을 장착하고, 기분을 '최상'에 맞추면 마음이 최적화된다. 그 상태로 오늘은 왠지 좋은 고객들을 많이 만날 것 같다는 기대감과 확신을 가지고, 쇼핑백 안의 화장품을 다 팔고 들어오는 모습을 상상하는 것이다. 그러면 나가기 전부터 신이 난다.

나는 이처럼 최적화된 마음가짐으로, 외출하는 강아지처럼 즐겁게 이곳저곳을 돌아다니며 사람을 만났다. 주로 여자들이 많이 모인 관공서나 문화센터, 은행, 미용실, 옷가게, 시장 등을 찾았다. 거기서 사람들을 만나면, 그들이 궁금해할 만한 피부 관리 팁을 알려주고 내 연락처와 샘플, 팸플릿 등의 홍보물을 나눠줬다. 그리고 잠재 고객들의 이름과 연락처, 피부 타입 등의 정보를 얻었다. 나는 이렇게 사람들에게 도움 되는 정보와 샘플을 나눠주고, 내 연락처와 피부 관리실 홍보도 하고, 고객들의 개인 정보도 얻는 이 일을 '1타 3피의 홍보 외출'이라고 불렀다.

긍정적 확신을 퍼뜨려라

나는 샘플 하나, 팸플릿 하나를 줄 때에도 영혼 없이 주지 않았다. 긍정의 기운을 잔뜩 실어서 줌으로써 고객이 계속 사용하고 싶게끔 유도했다.

"이 상품은 생약 성분으로 만들어졌거든요. 지금 드린 3종 세트를 한 달 정도 꾸준히 사용하면 피부 체질이 달라져요. 저녁에 듬뿍 바르시면, 밤 10시부터 새벽 2시 사이에 세포가 활성화되면서 피부가 확 살아날 거에요. 아침에 거울을 볼 때마다 부쩍 좋아진 피부를 느끼실 수 있을 겁니다."

이처럼 강력하게 긍정 최면을 걸면서 샘플을 나눠줬다. 그러면 그 샘플을 사용해본 사람들 가운데 80퍼센트는 내게 다시 연락해왔다. 만약 연락이 안 오면 받아놓은 고객 연락처로 먼저 전화를 걸었다. 사용 후기를 물어보고 매장에 방문하면 피부 진단을 무료로 해주겠다고 제안하면서 고객이 스스로 찾아오도록 했다. 이처럼 영업인은 상품에 대한 긍정적 확신을 가지고, 고객에게도 그런 기운이 전해지도록 해야 한다. 그렇게 해야 평소 관심이 없었던 고객들에게도 상품이 매력 있게 느껴져 사용하게 되고 매출도 상승하게 된다.

발로 뛰면서 고객을 찾아라

새로운 사업에 도전할 때마다 나는 이렇게 생각했다.

'세상은 넓고 손님은 많다!'

이런 생각을 하면, 열심히 발로 뛰면서 고객을 만나고 싶은 마음이 마구 샘솟았다. 하도 여러 군데를 돌아다녀서 저녁이면 발이 퉁퉁 붓고 피곤했지만, 고객들의 문의 전화를 받으면 저절로 피로가 회복되었다. 피부 관리실을 열었을 때에는 건물 곳곳을 청소하는 환경 미화원 여사님들을 자주 찾아갔다. 휴게실에 가서 일일이 화장품 샘플을 나눠주고, 무료 피부 관리를 해드리겠다면서 제안했다. 자꾸 만나서 이야기도 나누며 친해졌더니, 여사님들이 청소를 하면서 자발적으로 다른 층 사람들에게 우리 관리실 홍보를 해줬다. 힘들게 일하는 분들을 작게나마 도우면서, 사업 홍보 효과까지 동시에 톡톡히 본 셈이었다.

그래서 물고기를 잡으려면 바다로 가야 하고, 홈런을 치려면 타석에 들어서야 한다. 영업인이라면? 당연히 고객을 찾아가야 한다. 나는 가게를 연 뒤, 3개월 정도는 매일 돌아다니는 광고판이 되었다. 넓은 세상을 발로 누비면서 손님을 찾아다녔다. 만나는 사람마다 정성을 다해 홍보에 힘을 쏟았더니, 어느덧 고객이 하나둘 늘어났다. 그동안 쏟은 노력이 보상으로 돌아온 것이다.

배우고 또 배워라

왜 배워야 할까?

작년에 사무실을 팔고 짐 치우다가 허리를 삐끗해서 가까운 한의원에 갔다. 한의사가 20대의 나이로 보여서 '경력이 얼마 안 된 거 같은데 침을 맞아도 괜찮을까?' 하는 생각이 들었다. 그러다가 벽에 여러 개 걸린 한의사 자격증과 수료증 등을 보고 신뢰가 생겨서 침을 맞고 돌아왔다. 만약 자격증도 없는 사람이 공짜로 침을 놔준다고 하면 맞을 사람이 있을까? 거의 없을 것이다.

이처럼 전문화되고 공인받은 지식은 강력한 힘이 있다. 의사 면허 같은 거창한 자격증은 아니더라도, 자신이 몸담은 분야에서 전문적인 지식을 쌓고 공인된 자격증을 얻으면 그것이 고객을 대할 때 효과적인 무기가 된다.

예를 들어 암 보험을 판매하는 사람이라면, 그와 관련된 정보를 충분히 숙지해야 한다. 자기가 파는 보험 상품에 대한 지식과 타사의 유사 상품과의 차별점, 암과 그것을 치료하는 과정에 대한 의료적 지식, 건강 보험 관련 정보 등을 되도록 많이 알고 있어야 고객에게 딱 맞는 상품을 권할 수 있다. 군인이 총알을 가득 준비해 전쟁터에 나가듯이, 영업인은 자기가 파는 상품에 대한 지식을 충분히 가지고서 고객을 만나야 한다.

또한 자기가 판매하는 것뿐만 아니라, 속해 있는 업계와 더 넓게는 세상이 어떻게 돌아가고 있는지 트랜드를 살펴 볼줄 알아야 한다. 한 우물만 파서 전문성을 갖추는 것도 중요하지만, 혹시 모를 사태를 대비해 다른 우물을 팔 수 있는 도구 사용법도 익히고, 아예 다른 세계로 옮겨가 새로운 땅을 개척할 준비도 해두는 것이 좋다.

오늘날 세상은 급변하고 있다. 미국 건축가 버크민스터 풀러(Buckminster Fuller)는 인류의 지식이 두 배 증가하는 데 걸리는 시간을 곡선으로 표현한 '지식 2배 증가 곡선(Knowledge Doubling Curve)'을 발표했다. 그 곡선에 따르면, 인류의 지식이 두 배 증가하는데 100년이 소요되다가 1990년대부터는 25년, 2021년 현재는 1년이 걸리고, 2030년에는 3일이 걸린다. 다가올 2030년에는 사흘만 공부를 쉬어도 세상 돌아가는 지식에서 뒤처지게 되는 것이다.

이처럼 빠르게 변화하는 시대를 사는 우리는 늘 성장하려는 마음 자세로 공부해야 한다. 자기가 하는 일에 대한 지식뿐 아니라 관련된 다른 분야, 세상의 흐름까지도 발 빠르게 파악할 줄 아는 능력을 갖춰야 한다. 갈수록 지식뿐만 아니라, 삶을 살아가는 자세와 태도가 중요해진다. 앞날을 예측할 수 없는 세상에서 살아가려면 항상 진취적이고 열린 자세로 변화를 받아들이고 끊임없이 배우는 자세가 살길이다

일단 쏘고 조준하라

나는 지금까지 50개의 직업과 13번의 창업을 경험했다. 다양한 일을 하면서 한결같이 유지했던 자세는 '먼저 시작하고 보자'였다. 완벽하게 준비되지 않은 채로 시작해 서서히 배워나간다는 마음가짐으로 임했다. 현대 경영의 창시자로 불리는 톰 피터스(Tom Peters)의 표현대로 '일단 쏘고 조준하자'는 식이었다.

뷰티 사업을 시작했을 때도 마찬가지였다. 원래는 화장품 회사 본사에서 뷰티 강사로 일했기에 사업 생각은 전혀 없었다. 그러다가 퇴사 후, 화장품 지사 겸 피부 관리실에 취업하게 되었다. 베드가 일곱여덟 개 있었는데, 손님들이 한꺼번에 몰릴 때는 모든 베드가 손님으로 꽉 찼다. 관리사가 나 혼자여서 말 그대로 전쟁통처럼 정신없이 일했다. 저녁 무렵에는 손에 힘이 안 들어갈 정도였다.

원장은 경상도 사람이었는데 성품이 몹시 괄괄하고 거칠었다. 어떤 날은 서서 대걸레를 빨고 있는데 부부 싸움을 했는지 갑자기 쫓아와서는 화를 내며 장갑끼고 팍팍 좀 빨으라고 잔소리를 해댔다. 그런 모습을 지켜보던 손님들이 이렇게 말했다.

"간만에 맘에 드는 싹싹한 관리사가 왔는데 또 언제 나갈지 모르겠네."

내가 들어오기 전에 벌써 수십 번이나 관리사가 바뀌었다는 말이 충분히 이해가 가는 상황이었다. 결국 그만두려고 마음먹고 말할 기회를 엿보고 있던 와중에, 원장과 점심을 먹게 되었다. 그런데 그 자리에서 엄청난 인생의 터닝 포인트가 찾아왔다.

원장은 자기가 사업을 시작하게 된 사연을 들려줬다. 남편 사업이 망한 뒤, 일을 벌이게 된 과정을 얘기하는데 갑자기 이런 생각이 떠올랐다.

'이렇게 망한 사람도 했다면, 나도 할 수 있겠는데?'

그때부터 마음을 돌이켜 내가 이 사업을 해보기로 결심했다. 돈도 없는 상태였지만 우선 일부터 제대로 배워보기로 작정했다.

그 뒤로는 모든 상황을 관리사가 아닌 CEO의 관점으로 전환해서 보았다. 그랬더니 원장의 일거수일투족이 전부 이해되었다. 나는 원장이 손님을 대하고 물건을 파는 노하우, 항의하는 고객에게 응대하는 법 등을 보고 노트에 하나하나 소중하게 기록했다. 내 사업을 시작하기 전에 배운다는 마음가짐으로 일터에 왔더니, 태도가 달라지고 생기가 돌았다.

거기서 석 달간 일하면서 노트 세 권 치의 노하우와 돈으로 살 수 없는 귀한 경험을 얻었다. 일을 그만둔 뒤, 미리 받아둔 대출금으로 곧장 피부 관리실을 열었다. 대출을 받아서 난생처음 사업을 시작하려니 두렵고 떨렸지만, 완벽한 준비란 애초에 없다고 생각하며 과감히 첫발을 내디뎠다. 그러고 나서 필요한 것들을 하나하나 채우고 배워갔다.

막상 시작하고 부딪쳐보니 두려움은 신기루처럼 사라졌다. 물건을 하나둘 팔 때마다 영업 기술 데이터가 쌓이면서 사업이 점점 번창해갔다. 결국 마이너스 3,000만 원에서 시작한 사업은 억대 매출을 낼 만큼 성장했다. 처음 일을 벌일 때에는 상상도 못했던 상황이 펼쳐진 것이다.

이처럼 인생이란 앞날은 알 수가 없다. 그러니 산에 오르고 싶거든, 일단 간단한 장비를 갖추고 산을 올라가야 한다. 오르는 과정에서 생기는 문제들은 그때그때 해결하면 된다. 산에 올라가기 위해 가장 중요한 건 일단 발을 떼고 산으로 걸어가는 것이다. 당신이 완벽한 준비를 갖추느라 머뭇거리는 동안, 남들은 이미 정상을 향해 올라가고 있다. 그러므로 일단 시작부터 하고 부딪치면서 배워가자!

배움은 강력한 무기다

나는 현장에서 일하는 동시에 끊임없이 공부했다. 피부 관리실을 운영할 때는 한 대학교의 평생교육원에 등록해 6개월간 일본식 마사지를 공부했고, 뷰티학원에서 경락마사지를 배워서 자격증을 취득했다. 건강관리협회에서 스포츠·아로마 마사지를 배운 뒤 내가 운영하는 사업장에 도입했고, 국가 공인 피부관리사 자격증을 취득했다. 그리고 배움에 투자한 돈의 열 배 이상의 수익을 거뒀다.

예전에 큰 병원의 피부과 실장으로 근무할 때는 원활한 업무를 위해 고액의 학원비를 보조해달라고 요청하기도 했다. 병원에서 요청을 수락해준 덕분에, 나는 1년간 퇴근 후 간호학원을 다니며 간호조무사 자격증을 취득했다. 그리고 고객들에게 더 좋은 서비스를 제공하기 위해 동대문여성인력개발센터에서 서비스 강사 자격증도 땄다. 이렇게 능력을 갖추고 나서 병원 원장에게 면담을 요청해, 당당하게 급여 인상 협상을 했다.

공인 중개소 실장으로 근무할 때는 경매 공부를 했고, 어릴 적 꿈을 이루기 위해 노래도 꾸준히 배웠다. 처음에는 실력이 별로라 갖가지 경연대회나 오디션에서 번번이 탈락했지만, 포기하지 않았다. 보컬학원에 등록해 배우면서 연습을 거듭한 결과, 지금은 '그런 날'이라는 발라드 음반을 내고 다양한 무대에서 공연을 했으며, 12월에는 '이 남자 내꺼'라는 제목으로 트로트 음반을 낼 예정이다. 본격적으로 음악 공부를 하기 위해 한 대학교의 실용음악과에 3학년으로 편입해 졸업을 앞두고 있다. 그리고 <아모르 파티> 작사가인 이건우 작사님이 오디션을 봤던 전국에서 5명 뽑는 가수오디션에서 합격하기도 했고 곳고리 전국가요제에서 예선을 통과하고 본선을 나가기도 했다.

이처럼 노래를 못했지만 끊임없이 배우고 도전하고를 반복하면 된다 그러면 누구나 잘할 수 있다 그러기에 배움은 원하는 삶을 살아가게 해주는 강력한 무기다. 끝까지 배우고 익히는 일이 결코 쉽지 않지만, 포기하지만 않으면 언젠가는 목표를 이룰 수 있다. 급변하는 시대, 배움이야말로 가장 확실한 투자이고 무기임을 잊지 말자.

배움에는 끝이 없다

세종대왕은 시력이 극심하게 나빠진 와중에 <훈민정음>을 창제하고 반포했다. 베토벤은 귀가 들리지 않는 상황에서 <교향곡 6번>과 <교향곡 9번>을 작곡했다.

이처럼 도저히 극복할 수 없을 것 같은 장애를 극복하고 놀라운 업적을 이룬 예는 인류 역사상 꽤 많이 찾아볼 수 있다. 그러기에 우리는 그들을 위인이라한다. 혹시 이루고 싶은 꿈이 있는가? 그렇다면 완벽한 조건을 갖추지 못했더라도, 일단 시작하고 보라. 그래서 하나를 정해서 배우고 자신을 관찰하고 부족한 부분을 보완하고 행동하기를 반복하면 당신도 훌륭한 전문가가 될 수 있다. 배움에는 끝이 없다. 그렇기 때문에 매일 업그레이드가 필요하다. 성장하기 위해 노력하지 않는 사람은 과거에 머물러 남의 말과 태도를 험담하며 인생을 낭비한다. '이 나이에 배워서 뭘 하겠어' 하며 스스로 성장을 멈춰버린다.

하지만 배움에는 정해진 때가 있는 것이 아니다. 오늘을 충실하게 살기 위해, 꿈을 이루기 위해 매일 새아침을 맞이하듯 매일 새롭게 배워야 하는 것이다. 성장을 위해 노력하는 사람은 미래를 바라보며 현재의 자신에게 집중한다. 남을 평가하고 우울해야 할 시간이 없다. 오직 자신에 성장을 위해 전진한다. 그래서 현재의 내 위치를 분명히 파악하고, 어제보다 나아지기 위해 열심히 공부해야 한다. 배움이란 가장 강력하고도 확실한 무기를 손에 쥐고, 더욱 밝은 미래를 건설하자.

힘들어도 재미있게 살자

사는 게 재미가 있어야지!

아무리 돈 많고 잘났어도 사는 재미가 없으면 말짱 꽝이다. 돈 많고 지위가 높다고 행복의 수치가 비례되지 않기 때문이다. 그렇다면 재미란 무엇일까? '내가 좋아서 몰입하는 과정을 즐기는 그것'이라고 생각한다. 그래서 어디 한 군데 깊게 빠져있는 덕후는 행복하다. 나는 노래를 부르고 발라드를 듣고 떡볶이, 강아지를 좋아하는 덕후이다. 그래서 사는 맛이 아주 솔솔하다.

이처럼 자신이 재미있는 것에 몰입할 때는 스트레스가 없다. 오히려 행복 에너지가 높아지고, 기분이 좋아지고 에너지가 넘치며, 재미있는 일들이 주변에서 연달아 발생하기도 한다. 좋은 기분으로 즐겁게 살기 때문에 한결 건강해지고, 젊어지고, 하는 일도 잘 풀리게 된다. 내가 즐기는 또 다른 하나는 춤이다. 완벽한 몸치임에도 불구하고 3년째 춤을 추고 있다. 대회에 나가서 평가 받을 것이 아니므로, 잘 추고 못 추고를 상관하지 않고 신나게 춤을 추며 즐긴다.

사람들은 저마다 다른 재미를 맛보며 살아간다. 먹는 재미, 노는 재미, 도전하는 재미 등 그 종류는 무궁무진하다. 얼마 전, 동네 약국에 들렀을 때 90세 멋쟁이 할아버지를 만났다. 약이 준비되는 동안, 나는 할아버지와 대화를 나누면서 이렇게 물었다.

"할아버님, 인생에서 가장 중요한 게 뭐라고 생각하세요?"

내 질문에 할아버지는 아주 심플하게 대답했다.

"사람은 기분에 죽고 살아."

정말 그렇다. 사람들은 기분이 좋아야 무슨 일이든 해낼 수 있는 힘이 생긴다. 그러니까 삶의 재미를 적극적으로 찾아 누리면서 살자.

활력을 주는 진짜 재미를 선택하라

재미에는 두 종류가 있다. 삶에 활력을 주는 재미와 몸을 해치는 인스턴트 재미가 있다. 인스턴트 재미는 화학 조미료처럼 영양가는 없고 순간의 자극으로 즐거움을 줄 뿐이다. 술이나 게임, 도박, 마약 등이 이러한 재미에 속한다. 반대로 삶에 활력이 되는 재미는 천연 조미료처럼 맛은 은은하지만 개운하고 영양가가 높다. 일본의 소설가 무라카미 하루키는 마라톤을 한 뒤에 마시는 '시원한 맥주 한잔'이 즐거움이라 한다. 이처럼 재미를 느낄 수 있는 나만의 '재미 루틴'을 많이 저축하며 살아야 인생이 재미있다. 하지만 일을 하다 보면 즐거운 기분을 유지하는 것이 쉽지 않다. 고객과 상사 때문에 스트레스를 받기도 하고, 과도한 업무로 몸과 마음이 피로해지기도 한다. 사회 생활을 하면 늘 긴장해 있게 마련이어서, 지치고 우울해지기가 쉽다. 그럴 때 어떻게 재미를 느끼고 활력을 되찾을 수 있을까?

공인 중개소를 운영할 때 겪은 일이다. 집을 파는 매도인이 잔금을 치르는 자리에서 한바탕 난리를 피웠다. 잔금을 다 치르지도 않은 상태에서 비어 있는 집에 이삿짐을 조금 나르려고 한 것이 화근이었다. 매도인은 공인 중개소에서 문을 열어준 게 아니냐며 '우리 아들이 법대 나왔는데 주거 침입으로 고소하겠다'면서 고함을 지르고 쌍욕을 퍼부었다. 청소업체가 청소를 끝내고 문을 열어둔 거라고 아무리 설명해도 막무가내였다. 빈집에 그것도 잔금을 치루는 자리였는데 이삿짐을 날랐다고 주거침입에 고소라니! 그러더니 수수료를 못내겠다고 했다.

이처럼 큰돈이 오가는 자리에서는 극심한 스트레스가 쌓일 만한 상황이 온다. 그럴 때 내가 선택한 것은 감정에 휘말리지 않고 상황을 객관적으로 바라보는 것이다. 그리고 어려운 상황에서도 햇빛 같은 유머와 즐거움을 유지하려고 노력했다. 내가 고객의 행동은 통제할 수 없지만, 내 감정과 태도는 선택할 수 있기 때문이다. 나는 어떤 상황도 즐기기로 선택했다.

힘들 때 유쾌한 요소를 찾아라

스마트폰 앱을 활용하면 신기하고 예쁜 프레임을 넣어 사진을 찍을 수 있다. 어떤 프레임을 선택하느냐에 따라서 사진의 분위기가 달라진다. 사진뿐만 아니다. 실제 우리 삶의 순간도 어떤 프레임으로 바라보느냐에 따라서 삶의 느낌이 크게 달라진다. 나는 이 사실을 깨닫고는, 스트레스가 될 만한 상황이 벌어지면 재미 프레임에 넣어보곤 한다.

사실 그렇게 하게 된 건 중학교 1학년 때 신문 배달을 하면서 겪은 일 덕분이다. 하루는 내가 신문을 돌리다 빗길에 넘어져 신문 뭉치를 바닥에 떨어뜨리고 무릎을 살짝 다쳤다. 그 상태로 신문사로 복귀했는데, 호랑이처럼 무서운 총무가 내 무릎 걱정은 커녕 신문을 적셔서 오면 어떻게 하냐고 고함치면서 화를 냈다. 고개를 숙인 채 꾸중을 듣다가 문득 총무의 낡은 신발을 봤다. 구멍이 나서 한쪽 엄지발가락이 나올락 말락 하는 모습에 속으로 슬며시 웃음이 터졌다. 그 유머러스한 구멍 덕분에 힘든 상황을 무사히 넘길 수 있었다.

그 뒤로 나는 어려운 상황에서 본능적으로 유쾌함과 재미를 찾았다. 그리고 웃음이 품은 힘으로 힘겨운 고비를 잘 넘길 수 있었다. 앞서 얘기한 난리법석 매도인도 재미 프레임에 넣고 바라보니 기분이 한결 가벼워졌다. 매도인은 거리에 흐느적대는 에어라이트(풍선간판)처럼 과장된 몸짓을 보였고 목소리는 화통을 몇 개 삶아 먹은 듯 우렁찼다. 근데 제일 웃긴 건 매도인 옆에 앉아 있던 범대생 아들이었다. 검은색 테의 두꺼운 돋보기 안경을 쓰고 엄마의 기에 눌렸는지 새색시처럼 다소곳하게 앉은 그 모습에 웃음이 나려고 했지만 꾹 참았다.

이처럼 전쟁 같은 상황을 피할 수 없다면, 최대한 유쾌하고 재미난 요소를 찾아내 즐겨야 한다. 그렇지 않으면 상대와 함께 감정에 휘말려 돌이키지 못할 실수를 할 수도 있다. 물론 내가 잘못하거나 손해를 끼쳤다면, 진심으로 사과하고 바로 보상하고 해결해줘야 한다. 하지만 그런 상황이 아니라면, 내 감정과 마음을 지키기 위해 재미라는 프레임으로 상황을 들여다보면서 고비를 넘기는 것이 지혜로운 방법이다.

재미와 유머가 구원한다

가벼운 마음으로 상황을 들여다보게 되자, 매도인의 행동에 숨은 의도를 생각해볼 여유가 생겼다. 왜 그토록 난리를 칠까? 달랑 옷걸이 몇 개뿐인 빈집에 이삿날 짐 좀 들여놓았다고 주거 침입으로 고소하겠다니 말이 되나?

나는 그런 행동을 하는 매도인의 속셈을 곧 알아챘다. 중개 수

수료를 내고 싶지 않은 것이다. 나는 매도인에게 사과한 뒤에, 어떻게 하길 원하는지 물었다. 역시 수수료를 못 내겠다고 대답했다. 이게 바로 난리의 핵심이었던 것이다. 다행히 눈치 빠르고 착한 매수인이 자기가 수수료 30만 원 더 내겠다고 해서, 매도인과 협상하고 잘 마무리할 수 있었다.

이처럼 무슨 수를 써서라도 자기 감정을 지켜야 문제를 원만하게 해결할 수 있다. 아무리 고객이라고 해도 내 소중한 시간과 감정과 에너지를 빼앗아갈 권리는 없다. 마음을 지키고 문제를 긍정적으로 해결하는 첫걸음은 스트레스 상황을 유머러스하게 바라보는 것이다. 그렇게 해서 숨통이 조금 트이면, 차분하게 해결 방안을 모색하고 감정에 휩싸인 상대방에게도 공감해줄 수 있다. 긴장감에 얼어 있던 이성이 그제야 다시 돌아가기 때문이다.

즐기는 자가 되라

흔히들 노력하는 사람은 즐기는 사람을 이기지 못한다고 말한다. 정말 맞는 말이다. 무슨 일이든 즐길 수 있는 사람이야말로 인생을 제대로 사는 것 같다. 그래서 나도 인생이라는 여행을 되도록 많이 즐기려고 노력한다. 일상의 재미는 거창한 데서 오지 않는다. 옷과 음식, 취미 같은 걸로도 얼마든지 소소하고 확실한 행복을 느낄 수 있다. 내가 재미있게 즐기는 것들을 소개하자면 다음과 같다.

〈나의 소확행 목록〉

- 손 안 쓰고 바지 입기
- 집에서 펭귄처럼 걸어 다니기
- 개그 유튜브 보기
- 추억의 음식 만들어 먹기(달고나, 팥빙수 등)
- 우리집 반려견 장수와 놀아주기
- 셀프 피부관리실 놀이하기
- 원데이 클래스 참여하기
- 외국 여행 놀이(그 나라 요리 만들고 음악 듣기)
- 집을 꾸며놓고 다양한 옷차림으로 셀카 찍기
- 안 가본 길로 가보기
- 나에게 응원 문자 보내기(오! 오늘 좀 이쁜데!?, 역시 스타일 간지난다!, 와우 아우라가 촬촬 넘쳐!, 오늘도 넌 멋져! 최고야!)
- 타이머 설정해놓고 스피드 설거지, 청소하기
- 세계적인 가수들의 라이브 공연 영상 보기

이 항목들은 내 삶에 쏠쏠한 재미와 활력을 더해주는 윤활유와도 같다. 빡빡한 일상의 문을 부드럽게 열리도록 도와준다. 유쾌하고 행복하게 인생을 즐기고 싶은가? 그렇다면 자신을 즐겁게 해주는 것들을 찾아서 목록으로 만들어보자.

주위를 둘러보면 우리를 즐겁게 해줄 만한 것들이 널려 있다. 당장 1만 원을 들고 생활용품 가게에 가서 소품을 구입해 집 안을 산뜻하게 꾸며보자. 예쁜 컵에 맛있는 커피를 담아 마셔도 좋고, 매일 사용하는 밥그릇을 일회용 캠핑그릇으로 바꿔서 캠핑 간 기분을 느껴보는 것도 즐거운 방법이 된다. 그리고 당장 천 원짜리 비누 받침대만 깨끗한 걸로 바꿔도 손 씻을 때마다 기분이 좋아진다. 또는 머리 가르마를 바꿔도 기분 전환이 될 수 있다. 이렇게 적은 비용과 시간으로도 충분히 기분 전환을 할 수 있는 것이다.

이처럼 인생을 즐기겠다고 마음먹고서 모든 일을 재미 프레임에 맞춰서 바라보면, 공원에서 비둘기가 모이를 쪼아먹는 모습조차도 재미있다. 산책하는 강아지와 그 주인이 비슷한 걸음걸이로 걷는 모습에 웃음이 나기도 한다. 나이, 직함, 어른, 부모 같은 꼬리표는 떼어버리고, 어린이 같은 동심을 갖고 세상을 보면 훨씬 재미있을 것이다. 꼰대는 어디에 가나 찬밥 신세지만, 유쾌한 사람은 언제나 환영받는다. 그러니 오늘부터 우리를 즐겁게 하는 것으로 삶을 채워가며, 날마다 최상의 기분으로 살아가자. 인생은 즐거운 소풍임을 절대로 잊지 마라!

좋은 일도 나쁜 일도 성장 에너지로 사용하라

무턱대고 믿다가는 큰코다친다

어릴 때 같은 동네에 살던 사촌 동생과 자주 권투를 했다. 그런데 평소에 잽만 날리던 동생이 어느 날 어퍼컷(uppercut)을 갑자기 날려서 내 얼굴이 날아갈 뻔한 적이 있다. 동생의 실력을 만만하게 보고 무방비 상태로 있다가 일격을 당한 것이었다. 그때 얼마나 동생에게 배신감을 느꼈는지 모른다.

인간관계에서도 이러한 상황은 비일비재하게 일어난다. '이 사람은 이런 사람이야' 하고 내심 판단하고서 대했다가 그에게서 예기치 못한 어퍼컷을 맞으면 배신감이 든다. 이처럼 나는 일하면서 만난 사람들 또는 지인들에게서 몇 차례 어퍼컷을 맞고 주저앉을 뻔하기도 했다. 20대와 30대에는 법정 스님의 글처럼

'진실 없는 사람에게 진실을 쏟아부은 대가로 받는 벌'을 단단히 맛보았다. 어퍼컷, 앞통수, 뒤통수를 번갈아가며 도돌이표로 맞았다.

배신의 계절

나는 부탁을 쉽게 거절하지 못하는 성격이었다. 친한 지인이 부탁해서 연대보증을 서주기도 하고, 형편이 안 좋다는 친구에게 카드를 빌려주기도 했다. 또 다른 친구는 은행에서 공금을 도난당했다며 당장 입금하지 않으면 회사에서 잘리게 된다고 도와달라고 부탁해서, 당시 내 월급의 다섯 배나 되는 큰돈을 빌려주기도 했다. 하지만 그들은 대부분 빌려 간 돈을 갚지 않았다. 내가 믿었던 사람들이 내게 뜻밖의 어퍼컷을 날린 것이다. 한 친구에게 언제쯤 돈을 갚을 거냐고 어렵게 물었더니, 기분 나쁘다고 화를 내며 그것을 핑계 삼아 돈을 아예 갚지 않았다. 다른 사람들 때문에 생긴 빚을 나 혼자서 한참 동안 갚아야 했다.

보험 판매를 할 때는 영업 소장이 내가 어렵게 계약한 건을 지점 매출이 부족하다며 빌려달라고 하고서는 꿀꺽한 일이 있었다. 비슷한 시기에 아는 동네 언니가 내가 탈 곗돈을 가로채 다 써버린 적도 있고, 친한 동생이 보험을 가입해줘 고마운 마음에 밥도 사고 명절 선물도 해주었는데 딱 3개월 뒤 본사에 연락해 증권을 안 받았다고 거짓말하고는 '품질보증'을 신청해서 석 달치 보험료를 받아 간 적도 있다. 보험 가입자가 품질보증을 신청하면 영업인인 나에게 불이익이 갈 것을 알면서도 저지른 일이었다.

현금을 도둑맞는 일도 있었다. 함께 메이크업을 배우던 동생이 보험 문의를 하고 싶다고 연락해와서 식사를 하려고 만났다. 보험 이야기를 나눈 뒤 집으로 돌아가는 길에 함께 화장실에 가게 됐다. 내가 볼일 보러 들어갈 차례에 동생이 내 가방을 들어주겠다고 해서 믿고 맡겼는데, 나중에 전철 탈 때 보니 지갑에 있던 현금이 전부 사라지고 없었다. 당황해서 생각해보니 아까 동생에게 내가 100만 원쯤 목돈을 가지고 있다는 걸 얘기했다는 사실이 떠올랐다. 동생은 역시 내 전화를 받지 않았다.

당시에 나는 이미 여러 사람에게 배신을 당한 터라, 그 동생의 반응에 그저 어이가 없어서 헛웃음만 나왔다. 가까운 이들에게 어퍼컷, 앞통수, 뒤통수를 연타로 얻어맞고 배신감이란 파도에 빠져서 허우적거리고 나니 입에서 이런 말이 튀어나왔다.

"파도야, 이제 치든가 말든가 니 맘대로 해라."

고통을 포기해버리니 나의 매력인 유머가 나왔다. 나는 전화를 안 받는 동생에게 이런 문자를 보냈다.

"난 네가 지난 화장실에서 한 일을 알고 있다."

미국의 공포영화인 <나는 네가 지금 여름에 한 일을 알고 있다>를 패러디해 보낸 것이었다. 당시 미국에 살던 조카가 놀러

와서 우리 집에 머물고 있었는데 이 문자를 보더니 "고모, 지금 이 상황에서 농담이 나와?" 하며 엄청 웃었던 기억이 난다.

시련 속에서 목표를 성취하는 법

이처럼 믿었던 이들에게 여러 번 배신을 당하고 보니, 돈을 잃은 아쉬움보다 사람을 잃은 허탈감과 후회가 더 컸다. 하지만 이 모든 일은 내가 허용한 일이고 온전히 내 탓이라고 마음을 먹었다. 그리고 부정적인 감정까지도 성장 동력으로 사용하기로 마음먹었다. 살면서, 일하면서 힘든 일을 부딪칠 때 어떻게 이겨내고, 어떻게 삶의 목표를 이룰 수 있을까? 나는 다음과 같은 방법을 사용했다.

목적의 가치 극대화하기

지금까지 일하면서 힘든 일들을 중간중간 겪으면서도 잘 이겨낼 수 있었던 것은 명확한 목표를 세우고 그것을 이뤄야만 하는 이유를 최대한 많이 생각해, 기록했기 때문이다. 이유가 많을수록 가치 있는 일이라는 확신도 올라가기 때문이다. 또한 목표를 이루었을 때 얻을 기쁨을 글로 써서 항상 눈으로 확인함으로써, 그것을 이루는 동안 겪을 수 있는 고통은 상대적으로 작아 보이도록 했다. 그렇기에 먼저 정확한 목적과 목표를 정하는 게 중요하다. 그래서 텔레마케터로 일할 때 내 목적은 딸과 함께 떠나는 한 달간의 미국 여행이었다. 나는 이 목적을 이루기 위해 비행기표도 먼저 사놓고, 여행 가서 방문할 곳이며 누릴 것들을 일일이 노트에 썼다. 그것을 수시로 보면서 설렘과 기대감을 키우고, 마음을 단단하게 다잡았다. 카드로 긁은 비행기표 값을 벌기 위해서라도 적극적으로 일할 수밖에 없는 환경을 조성했다.

하지만 목표 지점에 이르는 일은 결코 쉽지 않았다. 고객에게 쌍욕을 들은 것이 한두 번이 아니었다. 욕을 심하게 하는 고객에게는 “말씀이 지나치시네요. 현재 녹음 중입니다. 욕은 자제해주세요” 하고 반격은 했지만 마음은 암초에 부딪힌 듯 쓰라렸다. 주저앉고 싶을 때마다 딸과 미국 여행에 가서 누릴 기쁨의 가치를 되새겨 일하는 고통보다 성취 후의 기쁨을 크게 확대했다. 그렇게 뚜렷한 가치는 장애물을 넘게 해주었고, 결국 한 달이 다 되도록 계약을 성사시키지 못해 매일 지적 받던 내가 텔레마케터 사무국에서 1등을 차지하고 미국 여행도 다녀올 수 있었다.

이처럼 목적의 가치가 명확하게 극대화되면, 장애물은 상대적으로 작아지게 된다. 꼭 이루고 싶은 일이 있는가? 그렇다면 오늘 당장 그 일을 이뤄야만 하는 명확한 이유를 생각나는 대로 곳곳에 써 붙이자. 그것을 매일 들여다보면서 자주 쓰고 말하고 가슴에 새기자. 그러면 어느 순간 장애물을 훌쩍 뛰어넘은 자신을 마주하게 될 것이다.

능동적 자세로 상황 리드하기

아무런 성과를 내지 못한 채 괴로워하던 어느 날, 이런 생각이 들었다. '실적보다 내 가치가 억만 배는 더 소중하다 그러니 보이는 현실에 끌려다니지 말고 내가 상황을 리드하자.' 또 이런 생각도 떠올랐다. '일단 산을 탔으니 산봉우리를 찍자.'

그랬더니 갑자기 내 앞을 가로막고 있는 장애물을 뛰어넘고 싶은 오기가 생겼다. 나는 그때부터 생각을 바꿨다. 내가 똑바로 서서 모든 상황을 주도적으로 이끌어가기로 마음먹었다.

그러자 많은 면에서 변화가 생겨났다. 날마다 나를 질타하는 관리자의 부정적인 잔소리가 긍정적인 자극으로 느껴졌다. 말에게 좀 더 빨리 달리라고 내리치는 격려의 채찍질로 받아들여졌다. 나는 객관적으로 내게 무슨 문제가 있는지 찾아봤고 잘하는 사람들의 방법을 열심히 익혔다. 비행기표와 여행가방 가격도 알아보고, 설레임을 가진 채 미국에 가서 할 일들과 누릴 수 있는 것들을 수시로 들여다보면서 열정적으로 노력한 결과, 나 자신의 한계를 극복하고 목표도 이룰 수 있었다.

한 걸음씩 나아가기

스티브 잡스는 "무수한 점이 모여 선이 되고 모형이 된다"라고 말했다. 과거의 한 일이 차곡차곡 모여 현재의 나를 만들었고, 앞으로의 나도 만들어갈 것이다. 나는 이 사실을 기억하면서, 지금은 비록 쓰레기 같은 상황에 놓여 있지만 의미 있는 점을 하나씩 찍으면, 미래에는 쓰레기로 만든 멋진 정크 아트 작품이 탄생할 거라고 생각했다.

이 역시도 의미있는 것이기에 진짜 일하기 싫은 날에는 점 하나 찍는 셈 치고 '일단 출근만 하자'고 마음먹었다. 그렇게 출근해서 고객 리스트를 받아 들고서는 '일단 전화만 돌리자'라고 생각했다. 이런 식으로 딱 한 가지씩만 목표를 작게 잡고 행동했고, 이를 통해 작은 성취감을 연속적으로 맛보았다. 소소한 성취라도 하고 나면 '넌 대단해! 멋져!'라고 셀프 칭찬을 아낌없이 해줬다. 금메달이라도 딴 듯이 과장된 포즈로 사진을 찍어보기도 했다. 이처럼 목표를 성취하는 일이 버거울 때는, 최대한 잘게 쪼개어 실천하면 좋다. 담배를 끊고 싶다면 딱 오늘만 끊어보자. 체중을 줄이고 싶다면 딱 오늘만 야식을 먹지 말자. 딱 오늘만, 딱 10분만 하는 식으로 자신을 설득해서 행동하도록 유도하다 보면 목표를 이루는 순간을 맞이하게 된다.

그 여정 가운데 힘이 들 때에는 수시로 스스로를 칭찬해주고 격려해주어야 한다. "야호! 이미 해냈어! 넌 역시 최고야! 난 억수로 운이 좋아!", "좋은 일이 폭포처럼 끊임없이 콸콸 쏟아진다.", "내 이름은 성공 성공 성공이야!", "난 매력덩어리 1,000조 부자다!" 하는 식으로 활력을 돋구어 주는 말로 폭풍 셀프칭찬을 날린다.

아픔도 실패도 성장을 위한 거름이 된다

바둑에는 한번 두고 난 판국을 다시 처음부터 놓아보는 '복기'라는 것이 있다. 바둑 기사 이창호 9단은 승리한 대국의 복기는 '이기는 습관'을 만들어주고, 패배한 대국의 복기는 '이기는 준비'를 만들어준다며 복기의 중요성을 말했다. 이처럼 성공이든 실패든 커다란 자양분이 될 수 있다.

모든 사람은 살면서 실패를 경험한다. 그 경험을 어떻게 받아들이느냐에 따라 인생의 승자가 될 수도 있고, 패자에 머무를 수도 있다. 똑같은 실패라도 어떤 이에게는 유리처럼 깨져버리는 좌절이 되고, 또 다른 이에게는 탄성 있는 공처럼 다시 튀어오를 절호의 찬스가 된다. 그러므로 항상 마음가짐을 겸손하게 유지하며, 인생학교에서 배운다는 자세와 마음을 갖고 긍정적이고 적극적이며 진취적으로 살아야 한다.

예전에 나는 주위 사람들에게 영향을 받아 감정이 흔들리거나 일정에 차질이 생겼었다. 하지만 어느날 이렇게 사는 건 내가 진정한 내 삶의 주인이 아니라는 생각이 들었다. 그래서 어떠한 상황이나 사람들 때문에 힘들 때면 마음속으로 '네가 뭔데?', '내가 왜?' 하고 깔끔히 무시하고서 장애물을 훌쩍 뛰어넘었다. 괴롭고 울고 싶을 때에는 웃음으로 이겼다. 그것이 이기는 습관인 것이라고 생각한다.

다시 말해 펑펑 울고 마지막엔 개그 본능을 발휘해 웃음으로 무너질 법한 때에 일어서고, 당연히 힘들어야 할 때 펄펄 힘을 내는 습관 말이다. 그렇게 하다 보면 나중에는 정말로 즐거워서 웃음이 실실 나오게 된다. 웃음은 최고 승리자의 표정이다.

티베트의 영적 지도자 달라이 라마는 이런 명언을 남겼다.

"참을성을 기르는 훈련을 할 때는 나의 적이 가장 좋은 스승이다."

결국 돌아보면 과거의 아픈 일들은 전부 나에게 배움과 성장을 준 스승인 것이다. 나를 괴롭게 만들었던 장애물들은 내가 목표를 이루도록 도와준 자양분이고 열심히 살게 되는 이유가 되어준다. 그러므로 인생에 일어나는 모든 일이 내가 최고로 성장하는 데 꼭 필요한 연료가 됨을 신뢰하자.

그래서 마거릿 미첼(Margaret Mitchell)의 소설《바람과 함께 사라지다》의 마지막 문장인 '내일은 내일의 태양이 뜬다(Tomrrow is another day).'처럼 오늘까지 일어난 일은 툭툭 털어내고 내일의 태양을 기대하고 새롭게 나아가자. 이것이 바로 모든 것을 성장에너지로 삼는 비결이다.

좋은 습관으로 이끄는 방아쇠를 당겨라

트리거, 싫은 일도 즐겁게 하게 만드는 방아쇠

우리는 하기 싫은 일을 할 때 스트레스를 받는다. 그런 일을 떠올리기만 해도 골이 지근지근하다. 하지만 기왕 해야 할 일이라면 즐겁게 할 수는 없을까?

나는 싫어하는 일을 재미있게 할 수 있도록 나만의 '트리거'를 찾아 활용했다. '트리거(trigger)'란 사격 용어로 총의 방아쇠를 뜻한다. 어떤 반응을 유발하는 계기를 뜻하는 말로도 사용된다. 나는 머릿속에 떠올리기만 해도 좋은 것을 트리거로 활용해, 하기 싫은 일을 하도록 만들었다. 이 트리거 전략을 적극적으로 생활 전반에 적용해본 결과, 소심하고 걱정 많은 나의 성격이 외향적이고 도전적인 성격이 되었고 게으름에서 탈피했으며 다이어트에도 성공할 수 있었다. 커리어 면에서도 긍정적 변화를 이루어 냈음은 물론이다.

나를 행복하게 하는 것이 목표를 이루는 다리가 된다

나는 학교 다닐 때 체육 시간이 너무 싫었다. 평소 운동을 즐기지 않았기 때문에 체육 시간만 되면 스트레스를 받았다. 그런데 어느 날부터 그 시간이 즐거워졌다. 그 이유는 당시 많은 학생에게 인기가 높았던 나이키 운동화를 오빠가 사 주었기 때문이다. 나이키 운동화를 신었더니 그렇게 싫던 체육 시간에 만화 주인공 아톰처럼 힘이 솟았다. 그때부터 나이키 운동화는 내게 체육시간을 싫어하지 않게 하는 트리거가 되었다. 그래서 지금도 나이키 운동화를 신고 'Just do it!'를 외치며 운동한다.

또 블로그는 내가 싫어하던 전철 타기를 좋아하게 만드는 트리거다. 언젠가부터 너무나 싫어하던 전철을 타게 되면 그때마다 블로그 게시글을 하나씩 써서 올렸고, 그 덕분에 전철 타기가 덩달아 편안해졌다. 진동 운동 기구인 '덜덜이'는 헬스클럽에서 운동을 하게 하는 트리거다. 그리고 매일 챙겨먹어야 하는 영양제를 헬스클럽 사물함에 가져다놔 운동하러 가기 귀찮을 때면 영양제가 떠올라 가게 되고, 운동이 하기 싫을 때는 '덜덜이'를 하면서 눈을 감고 내가 바라는 것들을 심상화하고 운동하는 리추얼을 만들어서 덜덜이를 보면 운동하고 싶은 마음이 생긴다.

서울에서 6개월간 서비스 강사 공부를 할 때에는 그 근처 떡볶이 집이 트리거였고, 글을 쓸 때에는 커피가 트리거다. 설거지를 할 때에는 자이언티(Zion.T) 노래가 트리거고, 영업할 때에는 정말 사고 싶은 물건이 일을 하게 만드는 트리거다.

나는 이런 식으로 내가 좋아하고 즐기는 것들을 트리거로 활용해 꼭 해야만 하는 일들을 해냈다. 트리거가 될 수 있는 것들은 일상 속에 널려 있다. 산책, 노래 듣기, 좋아하는 디저트 먹기, 즐기는 취미 생활 등 나를 행복하게 만드는 것을 트리거로 활용하면 된다. 그것들이 징검다리가 되어 내가 싫어하던 습관을 고치고, 목표를 이루도록 도와준다.

시들해진 트리거를 부활시키는 법

아무리 좋은 트리거라고 해도, 어느 순간부터는 영 통하지 않는 때가 오기도 한다. 이때는 트리거를 부활시켜야 한다. 내가 쓰는 방법은 간단하다.

새로운 트리거로 재설정하기

어떤 목표를 이루어야 하는데 기존의 어떤 트리거로도 발동이 걸리지 않을 때에는 새로운 트리거를 설정해야 한다. 이때 좋은 습관을 들이는 데에는 좋아하는 것으로 트리거를 정하고, 나쁜 습관을 없애는 데에는 평소 제일 싫어하는 것으로 트리거를 정하면 효과적이다.

학교 또는 직장을 성실하게 다니고 싶은데 도무지 가고 싶은 마음이 안 생기는 경우를 예로 들어보자. 이때 학교나 직장 앞 카페의 잘생긴 아르바이트생을 트리거로 활용하면 어떨까? 아니면 예쁜 신상 문구류를 구입해 트리거로 쓰는 것도 가능하다. 예를 들면 일하는 곳에 맘에 쏙 드는 예쁜 방석, 무릎담요, 볼펜, 노트, 머그컵을 챙겨놓든가, 책상 서랍에 달달한 간식을 넣어놔 일할 맛이 나게 환경을 조성하는 것이다.

또한 밤마다 야식을 즐기는 뿌리 깊은 습관을 버리고 싶다면 무엇을 트리거로 활용하면 좋을까? 이때는 가장 싫어하는 것을 트리거로 설정하는 것이 효과적이다. 가령, 운동을 싫어한다면 '야식을 먹기 전에 팔굽혀 펴기 50회, 18층 계단 오르기 10회 왕복'이라는 규칙을 트리거로 정해두면, 야식을 먹고 싶을 때마다 땀 뻘뻘 흘리며 운동하기 싫어서 먹는 걸 포기하게 될 것이다.

아무래도 하기 싫은 일에는 '행운' 트리거 붙이기

나는 트리거를 떠올려도 하고 싶은 마음이 안 생기는 일의 경우에는, 그 일을 하면 바로 '행운'이 찾아온다는 트리거를 붙였다.

나는 화장실 청소하는 걸 아주 싫어한다. 그래서 청소를 미루고 싶을 때면 일단 화장실에 들어가 물을 콸콸 나오게 틀고 '청소하면 물처럼 돈도 콸콸 쏟아질 거야', '화장실 벽에 핀 곰팡이를 닦을 때마다 나를 복잡하게 하는 일들도 말끔하게 벗겨질 거야.', '하수구에 낀 더러운 이물질을 빼내면 내 인생도 뻥 뚫려 운수 대통할 거야.'라고 생각했다. 이처럼 하기 싫은 일을 하면 운 좋은 일이 생겨날 거라는 생각의 트리거를 설정했더니, 싫은 일도 어렵지 않게 끝낼 수 있었다.

원하는 습관을 들이는 데에는 '하나만' 트리거를 설정하기

삶에 도입하고 싶은 좋은 습관이 있는데, 좀처럼 내 것으로 되지 않는 경우에는 '하나만' 트리거가 가장 알맞다. 사실 습관을 새롭게 들이는 일은 참 힘들다. 처음에는 기세 좋게 실천하다가도 며칠이면 시들해지고 금세 포기하기 십상이다. 그럴 때마다 작심삼일 한다 마음을 먹고 매일 '한 번에 하나만' 해보자고 자기 자신을 설득하는 것이 도움이 된다.

운동하는 습관을 가지고 싶을 때를 예로 들어보자. 매일 한 시간씩 헬스클럽에서 운동하는 일은 힘들지만 일상생활에서 적용하여 '화장실에서 변기 물 내릴 때 팔굽혀펴기 1회', '점심 먹고 스쿼트 1회', '설거지 끝나고 런지 1회' 하는 식으로 해보는 건 의외로 쉽다. 이렇게 '하나만' 하는 것을 트리거로 정해 꾸준히 하기만 한다면, 그것이 루틴이 되어 원하는 습관을 들이는 좋은 방법이 된다. 영국 런던대학의 필리파 랠리(Phillippa Lally) 교수와 연구팀은 66일 동안 꾸준히 일정한 행동을 하면 그 행동이 습관으로 굳어진다는 사실을 발견했다. 이처럼 작은 실천이라도 꾸준히 쌓이면 습관이 된다는 사실을 마음에 새기고, 일단 '하나만' 해보자.

트리거를 활용해 꿈에 다가서라

성공하는 사람들은 공통점이 있다. 바로 좋은 습관을 가지고 있다는 것이다. 좋은 습관은 성공에 이르는 지름길이다. 사람들은 어떤 습관이 좋은 것인지 잘 알고 있다. 다만 실천하고 자기 것으로 만들기 힘들어할 뿐이다. 그럴 때 그것을 행동하도록 만들어 주는 트리거를 활용하면 도움이 된다. 자기가 좋아하는 것, 떠올리기만 해도 설레고 행복한 것을 트리거로 적극 활용하라. 도중에 트리거가 통하지 않게 되면, 새로운 흥밋거리와 기발한 나만의 방법으로 트리거를 부활시키면 된다.

지금 어떤 목표를 가지고 있는가? 그 목표를 이루기 위해서는 어떤 습관이 필요한가? 억지로 몇 번 해보다가 금세 포기하지 말고, 좋아하는 것을 트리거로 삼아 자기 자신을 움직이게 하라. 너무 힘들면 딱 '하나만', '한 번만'이라는 트리거로 마음을 가볍게 하여 실천하도록 한다. 그렇게 꾸준히 좋은 습관을 늘리고 나쁜 습관은 버린다면, 어느덧 바라던 목표 지점에 도착해 있을 것이다.

무조건 깎아주지 말고 원칙대로 협상하라

상품이 지닌 가치를 느끼게 하라

얼마 전 딸에게 핸드폰을 사줬다. 인근 매장에서 100만 원짜리를 50만 원에 할인 판매한다기에 상담 후 구입했다. 직원이 제품을 포장하고 있는데, 딸이 무상으로 주는 케이스가 있는데도 2만 원짜리 케이스를 사고 싶다고 했다. 그래서 '노' 하고 거절했더니, 직원이 웃으며 말했다.

"50만 원짜리 휴대폰은 사주시면서, 2만 원짜리 케이스를 못 사주시나요?"

핸드폰은 100만 원짜리를 50만 원에 구입했으니 좋은 가격에 사는 셈이었지만, 딸이 원하는 케이스는 기껏해야 1만 원짜리 가치로밖에는 보이지 않았다. 2만 원 주고 사기에는 턱없이 비싸다고 여겨져 끝내 사지 않고 가게에서 나왔다.

이처럼 상품의 구매 결정 요소는 가격뿐만이 아니다. 고객이 상품에 대해서 느끼는 가치, 유용성, 타사 제품과의 차별점 등이 모두 합쳐져 가치 가격을 형성한다. 예를 들어, 기타 연주를 몹시 즐기는 사람은 고급 기타로 유명한 1억 원이 넘는 마틴 기타를 정가로 사면서도 엄청나게 가치 있는 소비라고 여길 것이다. 하지만 기타를 잘 모르는 사람에게 그토록 비싼 기타를 100만 원에 판다고 해도 사지 않을 물건이다. 그 물건의 가치를 잘 모르기 때문이다. 그러므로 영업을 할 때에는 고객에게 상품의 가치를 효과적으로 어필할 줄 알아야 한다. 만약 고객이 상품 가격이 비싸다고 한다면, 영업인이 고객에게 그 가치를 충분히 납득시키지 못한 것이다. 상품이 지닌 여러 가치를 찾아내고 그것을 고객에게 설득력 있게 제시한다면, 고객은 상품을 구매할 때 '득템'했다는 좋은 기분을 느낄 것이다.

마지노선을 제시하며 협상을 리드하는 법

영업인은 상품의 가치를 충분히 어필하면서 자기만의 원칙대로 협상을 주도해야 한다. 원칙이 없으면 고객에게 끌려가기 십상이다. 판매하는 상품의 종류에 따라 원칙과 전략은 조금씩 달라진다. 분명한 건 눈앞의 이익에 마음이 흔들려, 자기가 처음 정한 원칙을 저버려서는 안 된다. 고객이 어떤 것을 요구할지,

어디까지 협상 가능한지 생각해보고, 현명하게 마지노선을 제시하면서 상황을 리드해야 한다.

한 예로, 허리가 아파서 편안한 의자를 사려는 고객이 있다고 치자. 그 고객이 영업인에게 "너무 비싸요. 깎아주세요"라고 말한다면 어떻게 해야 할까? 우선 고객의 요구에 즉각 답하기보다는 "네, 고객님. 우리 의자가 저렴하지는 않지요" 하면서 고객의 감정을 받아들여줘야 한다. 주의할 것은 고객이 부정적인 말을 사용하면 똑같이 '맞아요 비싸죠?'라는 말을 사용해선 안 된다는 것이다. 고객이 생각하는 부정적인 요소가 확대 되기 때문이다. 그럴 때는 '맞아요 싸지 않습니다' 또는 '저렴하지 않습니다. 하지만~'하며 장점을 이어가야 한다. 그런 다음, 어느 선까지 혜택을 줄 수 있을지 잠시 고민한 후 마지노선을 정해 다음과 같은 순서로 고객에게 제안하면 좋다.

1) 고객의 필요 재확인: "고객님, 허리가 편안한 의자를 찾으시잖아요?"
2) 상품 가치 강조: "이 상품은 다른 상품과 차별점이 있습니다. 특수 공법을 가볍고 튼튼하고 오래 앉아도 허리가 편안하게 제작된 기능성 의자입니다. 이 정도 수준이면 타사 제품은 30만 원 이상 주어야 합니다만, 우리 상품은 가격까지 저렴하게 20만 원에 드리고 있습니다. 이 의자에 사용

한 특수 공법은 나라에서 인증받은 설계 공법입니다."

3) 구매하지 않을 경우의 손해: "건강보다 더 중요한 게 있을까요? 척추는 우리 몸의 중심이라서 허리가 건강해야 노후가 행복하세요. 가격만 보고 저렴한 상품을 구입해 사용하면, 허리에 무리가 가고 갈수록 아프게 돼요. 그러니 가격보다 상품의 가치를 보셔야 해요. 나이가 들수록 허리는 안 좋아지게 마련이잖아요. 지금부터 관리하지 않으면, 허리 때문에 병원비로 의자값의 몇 배를 쓰게 될 지도 모르세요."

4) 구매할 경우의 혜택: "허리를 젊었을 때부터 관리하면, 노후에도 튼튼하고 건강한 척추를 유지할 수 있어요."(행복한 미래상 제시)

5) 추가 혜택과 함께 마지노선 제안: "오늘 구입하면 특별히 5만 원 상당의 등받이를 사은품으로 제공해드리겠습니다. 딱 오늘까지입니다. 내일부터는 정가 25만 원에 의자와 등받이를 구입하셔야 합니다. 그러니 오늘 구입하세요."

6) 마무리: "이 의자는 한정 생산품입니다. 재고도 얼마 안 남았어요. 온라인 판매도 별도로 하지 않아서 시중에서 구매하기 어려우세요. 지금 물건도 얼마 안 남아서 재고가 소진되면 앞으로는 구입하기도 어려우세요 오늘이 절호의 찬스에요!"

피부 관리실의 마지노선

그렇다면 피부 관리실에서는 어떻게 고객과의 협상을 유리하게 이끌어갈 수 있을까? 내가 자주 쓴 방법은 거울을 활용하는 것이었다. 고객의 눈앞에 거울을 가져다놓고, 피부 상태의 문제점을 짚어가면서 상담하듯이 제품을 판매했다. 이때도 의자를 판매할 때와 비슷한 순서로 제안을 한다.

1) 고객의 필요 재확인: "10년 더 젊어진 피부를 갖고 싶지 않으세요?"
2) 상품 가치 강조: "고객님께 지금 필요한 건 특수 수분 관리와 집중 링클 케어에요. 그렇게 관리해주면 피부에 수분이 채워져 전체적인 톤도 맑아지고, 주름도 확연히 완화되세요. 고객님이 운이 좋으신 게 원래 10회 관리가 30만 원인데 오늘만 감사행사가로 20만 원에 해드리고 있어요. 거기에다 서비스 2회 추가까지 해드려요. 이번 기회를 꼭 잡아서 소중한 피부에 투자하세요."
3) 구매하지 않을 경우의 손해: "피부 관리는 시기가 있어요. 마치 건강 관리와 같죠. 건강할 때 관리해야 하듯, 피부도 괜찮은 상태일 때 관리해야 해요. 때를 놓치면 피부가 논바닥 갈라지듯 건조해지고 주름이 많이 생기거든요. 그때는 관리해도 회복이 어려워요. 해가 바뀔 때마다 피부가 달라

지는 걸 벌써 느끼시지요? 지금이 피부 관리 시작하기에 딱 좋은 때에요. 오늘만 행사가로 판매하기 때문에, 내일 결정하시면 10만 원 손해 보시게 됩니다. 그래서 다른 분들도 오늘 미리 끊어놓고 가셨어요. 고객님만 손해 보시면 안 되죠."

4) 구매할 경우의 혜택: "피부 관리는 한시라도 빨리 시작하는 것이 좋아요. 더욱이 내일부터는 10만 원 비싸지니까 오늘이 기회입니다."

5) 추가 혜택과 함께 마지노선 제안: "오늘 구입하시면, 고객님 피부에 효과가 딱 좋은 3만 원 상당의 특수 콜라겐 팩도 추가로 드릴게요."

6) 마무리: "고객님 어차피 관리하셔야 하는데 내일이면 30만 원에 하셔야 해요. 10만 원 할인 행사는 딱 오늘까지입니다. 그러니 기회를 잡으세요."

이렇게 협상을 진행하면, 고객들은 대부분 수긍하고 관리권을 구입했다. 핵심은 고객들이 상품을 구매하면 얻게 될 이익과 가치를 주지시키고, 지금 기회를 놓치면 손해라는 걸 강하게 어필해야 한다. 사람들은 손해에 민감하기 때문이다. 그리고 만약 가격 인하를 요구하면 다른 식으로 혜택을 제시했다. 얼굴 관리 10회를 끊으면 2회 서비스를 넣어주거나 또는 10퍼센트 상당의 화장품을 주거나 하였다. 이밖에도 다른 고객을 소개하면 1회 관리권을 지급하고, 10회 관리권을 끊은 고객에게 최대한 정성 들여 관리해주고 피부에 맞는 홈케어 제품을 세트로 판매하는 식의 전략을 썼다.

공인 중개소의 마지노선

공인 중개소를 할 때에 내 원칙은 수수료를 반드시 정해진 가격대로 받는 것이었다. 어떤 추가 협상도 허락하지 않았다. 대신에 고객이 만족할 때까지 좋은 물건을 찾아주고 끝까지 안전 거래로 마무리했다. 그리고 거래 후에도 고객에게 식사를 대접하거나 각종 선물을 줬다. 그렇게 꾸준히 고객과 관계를 이어가며 집과 관련된 문제가 생길 때마다 성심껏 처리해줬다. 임차인이 전월세 계약을 하고 이사 왔는데, 집에 하자가 발견되면 임대인에게 요청해 빨리 해결해서 생활에 지장이 없게 했다. 집을 구입한 뒤 베란다에서 물이 새서 매도인과 어렵게 협상해 50만 원을 받아준 사례도 있었다.

이처럼 세세한 부분까지 신경 쓰면서 내 고객을 철저하게 지킨 반면에, 약속을 안 지키고 적반하장으로 나오는 고객과는 관계를 깔끔하게 정리했다. 인성이 좋지 않은 고객과는 어떠한 거래도 할 수 없다는 게 공인 중개소를 할 때의 내 원칙이었다. 그래도 고객은 계속 늘어났다. 양심과 원칙을 지키며 최선을 다해 일하다 보니 보상으로 소개 고객이 늘어 나날이 번창해갔다.

고객도 좋고 나도 좋은 영업 노하우

영업은 이윤 창출이 목적이다. 하지만 고객도 좋고 나도 좋으려면 협상의 지혜가 필요하다. 고객이 상품 값을 깎아달라고 할 때에는 '내 기준에서는 이 상품이 비싸! 왜 비싼지 이해시켜줘!'라는 말로 받아들여야 한다. 그래서 그 상품이 지닌 가치를 일목요연하게 설명해주면 된다. 이때 고객의 상황과 필요를 잘 파악해, 정말 그 사람에게 꼭 필요한 물건을 효과적으로 제안한 것인지 체크해봐야 한다. 그래서 고객의 입장에서 심도 있는 상담을 하다 보면, 고객이 처음 관심을 가졌던 상품 외에 다른 상품까지 함께 사 가는 일도 벌어진다. 뜻밖의 수확인 셈이다.

만약 열심히 설명했음에도 불구하고 고객이 여전히 구매를 주저할 때에는, 가격을 깎아주기보다는 타사 제품과의 차별점을 강조하고 다른 혜택을 제시하는 것이 좋다. 먼저 타사의 장단점과 자사제품의 장단점을 비교해서 자사제품에 탁월한 강점을 강조해 상품의 가치를 높인다. 그래도 깍아달라고 요청한다면 고객이 앞으로 사용해야 하거나 필요한 상품을 서비스로 넣어주어 추후 판매가 이어지도록 한다. 이처럼 영업인은 자기만의 원칙을 가지고 고객에게 상품의 가치를 충분히 설득시킴으로써, 고객이 만족스러운 거래가 되도록 이끌어야 한다.

길을 스스로 만들어가라

길은 스스로 만들어야 하는 것

누군가 가장 감명 깊게 본 영화가 무엇이냐고 물으면, 나는 단연 〈쇼생크 탈출(The Shawshank Redemption)〉이라고 답한다. 1994년에 개봉한 이 영화를 보고 진한 감동을 받아, 몇 번이고 다시 영화를 보았다.

영화의 줄거리는 억울한 누명을 쓰고 감옥에 갇힌 주인공 앤디가 돌을 다듬는 작은 쇠망치로 16년 동안 벽을 조금씩 파내서, 결국 길을 만들어 탈출해 자유를 얻는다는 내용이다. 교도관에게 걸리면 죽을 수도 있는 상황에서 앤디가 용기를 내어 끝까지 길을 만드는 모습이 감동적이었다.

자유를 얻기 위해 죽음을 무릅쓴 앤디처럼 우리도 목표와 꿈을 이루기 위해 씩씩하게 우리의 길을 만들어가야 한다.

그렇다면 길이란 무엇일까? 우리는 흔히 '서로 다른 장소를 연결해주는 통로'를 길이라고 부른다. 길에는 다양한 종류가 있다. 사람이 다니는 인도, 차가 다니는 차도, 둘레길, 오솔길, 산길 등 갖가지 길이 존재한다. 그런데 눈에 보이지 않는 길도 있다. 바로 우리의 생각과 말, 행동으로 만들어가는 길이다. 모든 길에는 도착지가 있다. 그렇듯 우리 인생의 길도 도착지가 어디인지 뚜렷하게 정해야 한다. 어디로 향하기 전 네비게이션에 주소 찍듯이 말이다. 그래서 꿈꾸던 목표 지점에 이르려면, 주인공 앤디가 쇠망치로 직접 길을 만들었듯이 인생도 스스로 길을 만들어 가면서 걸어가야 한다. 그렇다면 어떻게 길을 만들어가야 할까?

생각과 말, 행동은 길이 된다

자신이 선택한 모든 생각과 말과 행동이 자신의 인생길이 된다. 그러므로 가고자 하는 길이 있다면 내 생각과 말과 행동으로 그곳에 가도록 해야 한다.

운동 선수들은 경기 전에 오감을 동원한 심상 훈련을 한다고 한다. 성공적인 경기를 펼치는 모습을 머릿속에 선명하게 떠올림으로써, 우선 생각으로 길을 내는 것이다. 이처럼 영업인이 고객을 만나기 전에도 심상 훈련을 하면 도움이 된다. 고객과 만나 상품을 제안하고 거래를 성사시키기까지의 상황을 상상해봄으로써 성공의 길을 터놓는 것이다.

그런 뒤에는 강력한 도구인 말을 활용해 길을 만든다. "될지 안 될지 잘 모르겠어" 하는 식의 의심의 말을 뱉지 말고 "그 일은 이미 이뤄졌어.", "나는 영업의 신이야!" 하는 긍정적 확신이 담긴 말을 하면서 목표를 이루는 길을 내는 것이다. 나는 영업을 할 때 계약서를 챙기면서 "이건 이미 사인 된 계약서야" 하고 확정 짓듯 말하고 나서 고객을 만났다.

생각과 말로 보이지 않는 길을 냈다면, 이제 본격적인 행동으로 길을 만들어갈 차례다. 행동하지 않으면 몽상가에 그칠 뿐이다. 왜 그길을 가야 하는지 명확한 뜻을 갖고 움직여야 한다. 그래서 '뜻이 있는 곳에 길이 있나니'라는 말처럼 어떤 일을 이루고자 하는 강한 의지가 있다면 그 일을 이룰 수 있는 방법과 길 또한 열리게 되어 있다. 다소 힘들고 어려운 일이 벌어지더라도 꾸준히 노력하며 나아가다 보면, 언젠가는 목표에 이를 수 있다.

황무지를 고속도로로 개척하다

물론 목표를 이루는 여정은 험난하다. 수없는 시행착오를 겪어야 할지도 모른다. 하지만 포기하지 않고, 꾸준히 생각과 말과 행동으로 성공하는 길을 닦으면 언젠가는 황무지가 고속도로로 변하는 기적을 체험할 수 있다.

처음 피부 관리실을 열었을 때 내게는 아무것도 없었다. 그저

'나도 할 수 있다'는 생각과 열정과 용기 하나로 대출을 받고 사업을 시작했다. 돈이 얼마 없어서 다소 낙후된 동네의 10평도 안 되는 가게를 얻어서, 한쪽엔 화장품 지사를 차리고 다른 쪽에는 베드 세 개를 가져다놓고 피부 관리를 시작했다.

초기에는 손님이 없어서 온종일 발이 부르트도록 걸어다니며 홍보를 해야 했다. 처음 오픈했을 때는 개업 영향으로 판매량이 좀 있었지만 이후 알려지지 않았고, 손님이 많지 않아 수입도 적은데다 설상가상 가게에 도둑이 들어서 화장품을 훔쳐가는 일도 있었다. 그때 나는 정말 힘들었지만 유머로 위기를 극복했다. '에고 이 도둑님아! 거지 밥그릇에 든 콩나물을 빼먹지. 하긴 오죽하면 너도 이런 가게에 와서 털어 갔겠니. 잘 먹고 잘 살아라!' 하고는 마음속에서 그 일을 털어버렸다.

이처럼 힘들고 어려운 와중에도 포기하지 않고, 꾸준히 열의를 다해 사업장을 운영했더니 조금씩 상황이 좋아지기 시작했다. 그러더니 개업 1년 만에 손님이 꽤 늘고 단골도 많이 생겨서 20평 신축매장으로 확장 이전하였고, 나중에는 사람들이 많이 오가는 좋은 자리에 위치한 30평 가게로 옮겨서 직원 셋을 두고 매년 억대 매출을 올렸다. 생각과 말과 행동으로 꾸준히 길을 만들어 나아간 덕분이었다.

내 타이밍, 내 길은 내가 만든다

'두랑족난팔복분(頭凉足煖八腹分)'이라는 것이 있다. 한의학식 건강법으로 '머리는 시원하게, 발은 따뜻하게, 배는 가득 채우지 말고 80% 정도 음식이 차면 멈추라'는 뜻이다. 나는 여기서 착안해, 투자나 사업의 이윤이 목표치의 80퍼센트 정도가 되면 투자 종목과 사업체를 아낌없이 매매한다. '박수 칠 때 보따리 싸'는 것이다. 이때도 무조건 헐값에 팔지 않고, 적당한 타이밍을 노린다. 나는 공인 중개소와 피부 관리실을 각각 세 군데를 차례대로 열었는데, 모두 알맞은 때에 권리금을 제대로 받고 처분했다. 한 번은 피부 관리실을 공인 중개소에 내놓았는데도 연락이 안 왔다. 그래서 전화번호부 책을 펴놓고 피부 관리실 목록을 쭉 훑어본 뒤에, 도심에서 가장 떨어져 있는 곳에 위치한 업체에 전화를 걸었다.

먼저 내 소개를 한 뒤에, 우리 가게 위치와 월세를 말해주며 혹시 이전해 올 생각 없는지 물어보았다. 수락하면 좋고 거절해도 본전이라는 생각으로 당당하게 제안했다. 군더더기 없는 말을 들은 상대방은 반가워하면서 '그렇지 않아도 계약 만기가 되어서 이전할 예정이었는데 어떻게 알고 연락을 했느냐'고 물었다. 바로 그날, 나는 우리 가게에서 그 사람과 만나 계약을 성사시켰다. 이때 경험으로 알았다. 피부 관리실도 직거래가 가능하다는 사실을. 이런 식으로 나는 주도적으로 내 타이밍과 길을 만들어갔다. 앞길이 황무지 같고 돌밭 같다면, 풀을 뽑고 돌을 집어 던지며 내길을 만들어가야 한다.

할 수밖에 없는 환경 설정을 하라

당신이 이르고자 하는 최종 목적지는 어디인가? 그곳에 이르기 위해 어떤 멋진 길을 만들고 싶은가? 내가 꿈꾸는 삶의 목표를 구체화하고, 그것을 생각과 말과 행동으로 이루어가기 위해서는 알맞은 환경 설정이 필요하다.

목표를 이루기 위해 책을 읽어야 한다면 독서 모임에 가입해 활동하자. 운동을 해야 한다면 헬스클럽에 장기 등록을 하자. 이런 식으로 행동할 수밖에 없는 환경을 조성하고 자기 자신과의 약속을 지켜나가며 원하는 길을 만들어 나간다.

도중에 커다란 돌 같은 장애물을 만나더라도, 걸림돌이 아닌 디딤돌이라고 생각하고 딛고 힘차게 자신의 길을 만들어 가야 한다. 진흙탕 같았던 내 인생도 돌아보니 반짝이는 진주들이 곳곳에 숨어 있는 감사한 진흙이었다. 그래서 험난한 길, 캄캄한 길이라도 포기하지 않고 묵묵히 길을 만들어 걷다보면 당신이 원하던 목적지에 도착할 것이다.

불운을
행운으로 바꿔라

똑같은 걸 보고도 다르게 생각하는 이유

방과 후 교사로 일하기 위해 논술수업을 받은적이 있다. 수업 중에 동그라미 하나를 화면에 띄우고 생각나는 것에 대해 토론하는 시간이 있었는데, 놀랍게도 같이 수업을 듣는 교사들이 꺼내놓는 이야기가 몹시 다양했다. 담배 연기 모양, 도너츠, 동전, 사과, 훌라후프, 맨홀 뚜껑, 피자 등등 똑같은 동그라미를 보고도 사람들은 저마다 전혀 다른 것을 떠올리고 있었다.

어째서 이런 일이 벌어졌을까? 아마도 각자 살아온 환경과 쌓아온 경험이 달라서 그랬을 것이다. 경험이 다르면 가치관도 달라지고, 사물에 대한 평가 방식도 달라진다. 예를 들어, 같은 칼이라도 강도를 당한 사람에게는 두려움의 대상이지만, 조각가에게는 작품을 만드는 소중한 도구가 되는 것처럼 말이다.

그런데 사람들이 저마다 굳게 믿고 있는 신념들 가운데 긍정적인 신념은 좋은 영향을 주지만, 부정적인 신념은 나쁜 영향을 준다. 정확한 근거 없이 무언가를 두려워하게 만들고, 소극적으로 상황에 끌려가게 만들기도 한다. 부정적 신념이 부정적인 감정을 만들고 행동과 습관 더 나아가 인생에까지 막대한 영향을 끼칠 수 있으므로 그대로 놔둬서는 안 된다. 적극적으로 나서서 긍정적 신념이 되도록 바꾸어야 한다. 부정적인 신념을 믿으면 불행하고 긍정적인 신념을 믿으면 행복한 삶이 되기 때문이다.

믿는 대로, 말하는 대로

우리 사회에 널리 퍼진 불길한 통념들이 있다. '거울이 깨지면 재수가 없다.', '밤에 휘파람이나 피리를 불면 뱀이 나온다.', '4자는 죽을 사 자라 안 좋다.', '밤에 손톱 깎으면 안 좋다.', '시험 보는 날 미역국 먹으면 대학에 미끄러진다' 등 수많은 이야기들이 사람들 사이에 퍼져 있다. 그런데 이런 말들은 정말 근거가 있는 걸까?

러시아의 극작가인 안톤 체호프(Anton Chekhov)는 "사람은 스스로 믿는 대로 된다"라고 말했다. 정말 믿는 대로 이루어진다면, 우리는 무엇이든 긍정적인 방향으로 믿으려고 노력해야 한다. 설령 기분 나쁜 일이 일어났더래도 '재수 없는 일이야!' 하고 말하며 알 수 없는 불길함에 휩싸이기보다는 '이 일은 행운이 올 징조야!' 하고 생각하고 긍정적으로 바라보는 것이 훨씬 도움이 된다.

그래서 자신이 셀프토크로 하는 모든 말은 스스로에게 하는 명령어가 되고 예언이 된다. 내 말은 내 귀에 가장 먼저 잘 들리기 때문이다. 명령을 들은 나는 무의식중에 그대로 행동하게 된다. 그렇기 때문에 말은 되도록 신중하고 긍정적으로 해야 한다. 불운 또는 행운이라고 정의하는 것도 결국 자기 생각에 따라 스스로 믿는 것이므로, 무슨 일을 만나든지 긍정적으로 생각하고 말하는 것이 중요하다.

나는 괴로운 일을 만나도 '전화위복(轉禍爲福)이 될 일'이라고 믿는다. 어차피 일어난 일이라면 담담히 받아들이고 그 일에 대해 희망적인 시각을 가지는 게 낫다고 여기기 때문이다. 나는 생각과 말의 힘을 믿는다. 그렇기에 늘 이렇게 외치고 다닌다. "나는 세상에서 가장 운이 좋은 사람이다!"

불운도 행운도 내 선택

세계적인 베스트셀러 작가인 스티븐 코비(Stephen Covey)는 '인생을 바꾸는 90:10 법칙이 있다'고 말했다. 그 법칙이란 인생에서 일어나는 일 중 10퍼센트는 통제 불가능한 사건이고 90퍼센트는 스스로가 어떻게 반응하느냐에 따라 결정할 수 있는 통제 가능한 일이라는 것이다. 내가 어떻게 반응하는지에 달려 있는 일이 90퍼센트나 된다니 매우 높은 수치다.

한 예로, 출근길에 두 사람이 똑같이 접촉 사고를 당했다고 가정해보자. 한 사람은 안 좋은 일이 일어났으니 일진 사나운 날이라고 생각하면서 '어쩜 날마다 이 모양이야!, 참 운도 없지 하필이면 내차가 사고날게 뭐야!'하고 반응했다. 그런데 또 다른 사람은 '와, 천만다행이다! 몸이 안 다친 게 어디야! 하늘이 도우셨나 보다. 난 역시 운이 좋아!' 하고 반응했다. 이 둘 중 어떤 사람에게 좋은 일이 더 자주 일어날까? 당연히 스스로 운이 좋다고 여기는 사람에게 좋은 일이 일어날 것이다.

이처럼 불운도 행운도 우리 손 위에 있다. 매일 주어지는 하루라는 도화지에 불운한 날이라는 물감을 선택해서 칠할지, 행운의 날이라는 물감을 선택해서 칠할지는 우리 각자의 선택에 달려 있다. 우리가 어떤 물감을 선택하느냐에 따라서 우리 인생의 색채는 달라진다.

만약 사업에 실패했거나 직장에서 해고되었거나, 이혼하게 되었다고 해도 운이 나쁘고 망했다는 생각은 버려야 한다. 그런 사건 자체가 불운한 게 아니고, 내가 그 사건을 불운한 걸림돌이라 믿고 부정적 감정에 빠져 술과 잠, 게으름 속에 성장 없이 멈추어 사는 것이 정말 불운한 것이다. 하지만 똑같은 일을 겪어도 '내 인생은 더 좋은 방향으로 나아가고 있다'고 믿으며 전보다 더 노력하면서 산다면 그 일이 오히려 더욱 성장하게 하여 성공의 디딤돌이 될 것이다. 즉, 일어난 일 자체가 불운 또는 행운인 것이 아니라 그 일을 어떻게 받아들여서 어떤 선택을 하고 행동하느냐가 불운과 행운을 결정 짓게 되는 것이다.

불길한 일을 모조리 길한 일로 바꿔라

나는 집을 살 때 주로 남들이 꺼리는 4층의 집을 산다. 다른 층의 집들보다 더 저렴할 뿐만 아니라 '4'가 죽을 사가 아닌, 행운을 가져다주는 네 잎 클로버의 4라고 믿기 때문이다. 실제로 전에 사두었던 4층 아파트의 가격이 올라서 내게 놀라운 수익을 가져다주기도 했다. 또한 일하다가 고객에게 심한 욕을 듣거나 제안을 거절당할 때면 다른 동료는 "오늘 왜 이렇게 재수가 없는지 몰라" 하고 말했지만 나는 속으로 이렇게 생각했다. '욕을 실컷 먹었으니 이제는 계약이 될 차례겠네!'

그리고 하루는 집에서 접시가 바닥에 떨어져 와장창 깨지면서, 그 파편이 아들의 발등에 박히는 사고가 일어났다. 그때 아들과 함께 구급차를 타고 병원에 다녀오면서 너무 마음이 아픈 나머지, 나도 모르게 '왜 하필이면'이란 부정적인 말이 나오려고 했다. 하지만 얼른 생각을 바꿔 이렇게 말했다.

"아들, 그래도 이 정도라 다행이다. 올해 벌어질 안 좋은 일을 싹 다 액땜했네. 앞으로는 좋은 일만 줄줄이 들어오겠다."

이처럼 불길하고 재수 없다고 여겨질 만한 일을 전부 긍정적인 복을 몰고 올 일로 바꿔나갔다. 그랬더니 정말 좋은 일들이 줄줄이 일어났다. 그렇듯 사는 게 다 마음먹기에 달린 것이다. 그러니깐 부정적인 신호를 긍정적인 신호로 모조리 받아들이자. 그러면 당당하게 무슨 일이든지 받아들일 힘이 생기고, 어려운 일도 너끈히 극복할 수 있게 된다.

날마다 해 뜰 날

'물극필반(物極必反)'이라는 말이 있다. 모든 사물은 극에 달하면 반드시 반전한다는 뜻이다. 만약 지금이 최악이고 밑바닥이라고 느낀다면, 이제는 곧 행운이 찾아올 차례라고 믿자. 믿고 그대로 말하고 행동한다면, 정말 상황은 반전될 것이다.

앞서 말했듯이 일어난 일 자체보다 그 일을 해석하고 받아들이는 방식이 우리 삶에 커다란 영향을 끼친다. 자유롭고 진취적인 삶을 살고 싶다면 우리를 옭아매는 부정적인 신념을 긍정적인 신념으로 재해석해 바꿔야 한다. '~이기 때문에 힘들어'라는 부정어를 '~라서(라도) 살 만해'라는 긍정어로 바꾸는 것이다.

예를 들어 '나는 너무 늙어서 안 돼'를 '나는 경험이 많아서 잘해'로, '코로나 때문에 살기 힘들어'를 '코로나라도 아직은 살 만해'로 바꾸는 것이다. 이런 식으로 부정적이고 굳어진 신념을 긍정적이고 유연한 신념으로 바꾸어가다 보면 성품과 습관, 가치관도 그에 따라 바뀐다. 고통도 '이 정도라 다행이야'라고 해석하면 행복이 되고 행복도 '이거밖에 안 된다니'라고 해석하면 고통이 되는 것이다. 즉, 행복도 고통도 내가 선택하는 내 마음에 달려있는 것이다. 이제 부정적인 신념은 우물 안에 갇힌 자신이 만든 편견임을 인정하자. 좁고 어두운 우물에서 벗어나 밝고 넓은 세상으로 나오자. 지금 내 삶에 천둥번개가 치고 있어도, 언젠가는 그치고 밝은 해가 떠오를 것이다. 이 또한 지나가리라(This too shall pass)!

감사하면 행복해진다

인생이 롤러코스트처럼 오르막길에서 내려와 완전 내리막길에 있었던 일이다. 10만 원으로 한 달을 버텨야 했던 시기였기에 진짜 밑바닥 인생처럼 느껴졌지만, 한탄하는 대신에 '감사'하기로 마음먹었다. 그래서 나는 노트를 1권 사서 겉면에 제목을 '감사장'이라고 쓰고, 매일 감사한 일을 5가지씩 썼다. 소소하고 작은 감사부터 마음 깊은 데서 우러나오는 감사한 일을 모두 썼다. "햇빛에 빨래가 잘 말라서 감사합니다.", "집 근처에 버스 정류장이 있어서 감사합니다.", "마실 물이 풍부해서 감사합니다.", "가족이 건강해서 감사합니다" 등 감사한 마음으로 바라보니 모든 것이 감사했다.

감사장을 쓴 뒤로 갑갑한 가슴이 뻥 뚫리는 듯 편안해졌다. 감사에는 막힌 하수구가 뚫어지듯 답답한 인생이 시원하게 뚫리는 마법과도 같은 힘이 있다. 나는 지금도 매일 새벽마다 감사모임에서 감사 일기를 쓰고, 감사송을 부르며 하루를 즐겁게 시작한다. 그렇게 감사를 외치니 감사는 엄청난 축복과 행복을 불러왔다.

이처럼 지금 있는 자리에서 감사할 것을 찾고, 내가 할 수 있는 일을 하다 보면 불운이 행운으로, 불행이 행복으로 바뀐다. 결국 불운과 행운, 불행과 행복, 위기와 기회, 성공과 실패, 사랑과 미움, 고통과 기쁨은 한 끗 차이다. 동전의 양면과도 같은 것이다. 어느 면에 초점을 맞춰 바라볼지는 당신의 선택에 달려 있다.

나만의 매력을 발산하라

같은 값이면 다홍치마

사람들은 외모를 중요시한다. 과일 하나를 사도 모양과 빛깔이 좋은 걸로 골라 산다. 물건을 살 때에도 두 명의 직원이 있다면, 그중 잘생기고 매력적인 직원과 거래하고 싶어진다.

이처럼 외모는 영업을 할 때에 중요한 영향을 끼친다. 왜냐하면 영업인은 고객과 얼굴을 마주하고 제품을 판매하기 때문이다. 그래서 고객은 호감가고 스마트해보이며, 깔끔하게 자기 관리도 잘하는 사람에게 마음이 가게 마련이다. 그러므로 영업인은 자기 외모를 잘 관리하고 꾸밀줄 알아야 한다. 하지만 아무리 겉으로 보이는 외모가 멋있어도 일처리가 시원찮고 성품이 별로라면 금세 매력이 뚝 떨어진다. 진짜 매력적인 사람은 안과 밖이 두루 아름다운 사람이다. 그러므로 프로 영업인이라면 철저한 자기 관리로 외모를 깔끔하게 꾸미고, 겸손한 자세와 전문성을 겸비해 고객에게 호감과 신뢰를 주어야 한다.

곁에 두고 오랫동안 보고 싶은 사람

매력은 사전적 의미로 '사람의 마음을 사로잡아 끄는 힘'이라는 뜻이다. 매력은 크게 외적 매력과 내적 매력으로 나눌 수 있다. 사람마다 타인에게 매력을 느끼는 부분은 다르지만, 대체로 어떤 공통된 기준이 있기는 한 듯하다. 나는 공인 중개소를 할 때 어떤 사람이 진짜 매력적인지 깨닫는 경험을 했다. 우연히 대조적인 두 유형의 고객을 만났는데, 그들과 함께 시간을 보내며 확실히 깨달을 수 있었다.

우선 한 명은 세련된 외모와 높은 사회적 지위, 넉넉한 재산을 가진 고객이었다. 깔끔한 생김새답게 부동산도 깔끔하게 매입해서 이미지가 좋았다. 하지만 그와 식사를 하면서 그 좋았던 이미지는 바람과 함께 사라졌다. 그 사람은 상대방에 대한 배려를 전혀 할 줄 몰랐기 때문이다. 자기의 관심 분야에 대해서만 주구장창 재미없는 얘기를 늘어놓고 자기 자랑만 할 뿐, 상대가 어떤 관심사를 가졌는지 어떤 공통 분모를 함께 지니고 있는지 물어볼 생각조차 하지 않았다. 진짜 밥맛이 없었다. 그렇게 맛있던 밥집이 그렇게 맛이 없을 줄이야!

그런가 하면 또 다른 고객은 외모는 수수한데 마음이 참 따뜻하고 순수했다. 집을 매매하고 잔금 받는 날, 그는 중개 수수료를 넣은 봉투와 함께 정성스런 손편지, 손수 만든 비누를 선물해 줬다. 편지에는 덕분에 좋은 집을 얻었는데 매매까지 잘해주어서 감사하다고, 늘 건강하고 번창하시라고 적혀 있었다. 그 선물과 편지를 받고서 얼마나 마음이 따스해졌는지 모른다. 이 고객의 경우에는 말수가 많지 않았지만 자기 마음을 제대로 표현할 줄 아는 매력을 지니고 있었다. 그런 매력은 의외로 흔치 않다.

이처럼 상반된 두 고객과 만남을 경험하며, 진짜 매력적인 사람은 빛 좋은 개살구처럼 겉만 화려한 사람이 아니라 뚝배기보다 장맛 같은 사람임을 알았다. 좋은 인성에 배려, 겸손을 지니고 감사할 줄 알고 자신과 남을 위해 늘 노력하는 사람이야말로 정말 매력 있는 사람이다. 이런 사람은 누구에게나 환영받게 마련이다.

자기만의 스타일을 찾아라

내면에서 우러나는 매력에 자기만의 스타일까지 갖춘다면 더없이 이상적일 것이다. 자기에게 꼭 맞는 스타일을 찾는 법은 어렵지 않다. 먼저 자기 자신의 외모와 분위기를 파악해야 한다. 체형과 얼굴형, 상체와 하체의 균형뿐만 아니라 전체적인 분위기도 살펴본다. 그래서 자신이 우아한 이미지인지, 귀여운 이미

지인지, 이지적인 분위기인지 객관적 시각에서 파악해본다.

이처럼 자신의 상태를 점검했다면, 이제는 자신이 지닌 장단점을 파악해서 장점은 살리고 단점을 보완하는 스타일이 어떤 것일지 알아본다. 이때에는 쇼윈도에 걸려 있는 옷들이나 최신 패션 잡지에 나오는 이미지, 에스엔에스 인플루언서들의 다양한 사진들을 참고하면 좋다. 그리고 자신과 비슷하고 끌리는 사람의 스타일을 참고하는 것이 좋다. 하지만 유행하는 패션을 따라하기보다는 자기만의 스타일을 찾아가야 한다. 또한 자신에게 어울리는 색채를 아는 것도 중요하다. 그러려면 퍼스널컬러로 자신의 타고난 피부,머리카락, 눈동자의 색을 파악하고 그 색과 가장 잘어울리는 컬러를 선택하도록 한다. 그래서 봄, 가을 타입인 따뜻한 느낌의 웜(WARM)톤인지 여름,겨울타입인 차가운 느낌의 쿨(COOL)톤인지 파악하여 맞는 컬러를 선택해서 옷을 입도록 한다. 같은 빨강이라도 명도, 채도에 따라 느낌이 전혀 달라지므로 다양한 색을 맞춰보면서 자신의 이미지에 가장 잘 맞는 색감을 파악한다.

이렇게 해서 가장 잘 어울리는 스타일이 파악되었다면, 본격적으로 쇼핑에 나설 때다. 전체 콘셉트에 맞추어 의상과 신발, 가방, 액세서리까지 조화롭게 맞추되 옷을 고를 때에는 몸에 잘 맞고 마음이 편안한 것으로 선택하는 것이 좋다. 외모를 가꾸는 일도 꾸준한 공부가 필요하다. 자기만의 스타일을 찾고 유지하면서 최신 흐름에 따라 계속 업데이트해야 한다. 좋아하는 연예인들이 꾸민 모습을 눈여겨보고 자신에 맞게 따라해보거나 의류 쇼핑몰에서 종종 아이쇼핑을 하는 것도 도움이 된다. 자기 체형과 분위기에 어울리게, 과하지 않도록 가장 나답게 멋을 내는 것이 가장 효과적으로 매력을 발산하는 방법이다. 옷차림은 그 사람의 정체성을 보여준다는 사실을 잊지 말자. 내실을 키우기 위해 늘 노력하면서, 겉으로 보이는 모습도 센스 있게 신경 쓰며 관리하자.

나는 매력적이다!

내 매력을 누구보다 잘 알아줘야 할 사람은 나 자신이다. 그러기 위해서는 자신의 어느 부분이 매력적인지 객관적으로 정확하게 파악하는것이 중요하다. 다음 질문들에 답을 쓰면서 자신의 매력을 찾아보도록 하자.

- 전체적인 분위기가 어떤 유형에 속하는가?(귀여움, 섹시함, 우아함, 지적임 등 중에서)
- 신체 중 가장 아름다운 부분은?
- 얼굴에서 가장 자신 있는 부위는?
- 평소에 잘 어울리는 색깔은?
- 나를 빛나게 해주는 헤어스타일은?

- 나의 성격 중 장점은?
- 내 특기나 강점은?

만약 장점이나 강점을 모르겠다면 지난 시간들을 돌이켜보고 성과가 있던 일이나 여러사람이 칭찬했던 부분을 체크해본다. 그리고 어떤 일을 할 때 시간가는 지 모른 채 몰입할 수 있고 만족하고 즐거운지 또는 어떤 것에 대해 긴 시간 동안 가장 디테일하게 남에게 설명할 수 있는지를 체크해보면 된다.

자, 이제 자신의 강점과 매력이 무엇인지 파악했는가? 그렇다면 알게 된 매력을 스스로에게 적극적으로 상기시키자. 그래서 날마다 자신에게 "넌 ○○하는 게 매력이야" 하고 문자 메시지를 보내자. 지금 당장 시작해서 100일간 메시지를 보낸다면 자신감이 넘치고 눈빛이 또렷하게 달라지고 밝은 에너지를 발산하게 될 것이다. 그래서 스스로 나는 매력적인 향기를 가진 사람이라고 생각하게 된다면 남들이 그 향기를 맡고 매력적인 걸 알게 될 것이다. 당신은 매력 향기를 갖고 있는가?

정확한 전략을 세워 실행하라

목표를 효과적으로 이루게 하는 3S 전략

모든 일에는 전략이 필요하다. 결혼에 골인하는 것도 시험에 합격하는 것도 전략을 잘 짜야만 가능하다. 특히 한정된 시간 안에 목표를 이뤄야 한다면 정확한 전략만큼 중요한 것이 없다.

나는 영업 일을 하면서 현장에서 쉽고 간단하게 적용할 수 있는 전략을 만들었다. 그것은 바로 '3S' 전략이다. 즉, 'Status(상황 파악)', 'Study(공부)', 'Speed(빠른 실행)'를 통해 목표를 달성하는 방식이다. 이 전략의 좋은 점은 어떤 일에도 적용 가능하다는 점이다. 또한 이 전략은 열두 척의 배로 왜선 수백 척을 물리친 이순신 장군의 전략도 이와 비슷했다. 좀 더 자세히 살펴보자.

첫 번째, Status(상황 파악) 단계다. 어떤 일을 실행하기 전에 우선 현재 자신과 주변의 상태를 파악해야 한다. 이순신 장군은 '지피지기백전불태(知彼知己百戰不殆)'라고 했다. 이 말은 중국의 손무가 편찬한 《손자병법(孫子兵法)》에 나오는 것으로, 상대를 알고 나를 알면 100번을 싸워도 위태롭지 않다는 뜻이다. 이처럼 자신의 상태와 주위의 상황을 분명히 파악해야 목표를 이룰 수 있다.

두 번째, Study(공부) 단계다. 일단 상황을 파악하고 나서는, 본격적으로 그 일에 성공하기 위해 필요한 정보와 기술을 공부해야 한다. 이순신 장군이 울돌목의 지형과 파도를 분석해 거북선을 만들었듯, 목표를 이루기 위해 알아야 하는 것들을 열심히 배우는 것이 필요하다. 그렇게 해서 얻은 지식과 기술이 자신의 강점과 결합해 시너지를 내도록 해야 한다.

세 번째, Speed(빠른 실행) 단계다. 상황을 파악하고 필요한 공부를 마쳤다면, 재빨리 전투태세를 갖추어 실행에 나설 때다.

만약 경기를 앞둔 운동선수라면 먼저 현재 자신의 체력과 실력, 장단점 등을 파악하고 알맞은 식단과 생활 패턴, 더 훈련해야 하는 기술 등을 알아본다. 그런 다음, 이것들을 빠르게 실천하면 원하는 목표를 이룰 수 있다. 이처럼 3S 전략을 사용하면 어떤 목표라도 짜임새 있게 준비해 이룰 수 있다.

파악하고 공부하고 실행하라

나는 피부 관리실을 처음 시작했을 때 3S 전략을 사용해 좋은 결과를 거두었다. 그 전략을 어떤 식으로 활용했는지 구체적으로 소개하자면 아래와 같다.

첫 번째, Status(상황 파악) 단계에서는 나의 총알 즉 내가 갖고 있는 돈과 실력 그리고 동종업계 프로그램과 관리 가격, 상가 시세알아보기, 오픈할 상가 주변에 거주하는 연령대, 주변 상가 업종파악, 오픈하기 위해 물건 받을 거래처 파악을 하였다.

두 번째, Study(공부) 단계에서는 우리 관리실에 올 만한 고객군을 예측하고, 이들을 위해 당시 내가 세를 얻은 공간은 가까운 동네 사람들을 제외하고는 버스를 타고 와야만 하는 구석진 곳에 위치해 있었다. 그리고 그 지역의 특성을 분석한 결과, 고가의 서비스보다는 부담없는 금액의 서비스를 제공하는 것이 나을 것 같아서 한달 4회 관리 2만 5천 원에 팩을 따로 구입하는 프로그램을 만들었다. 그리고 피부 관리 스킬과 기계관리법을 공부하였다.

세 번째, Speed(빠른 실행) 단계에서는 앞서 파악한 점을 토대로 스피드있게 실행에 나섰다. 우선 고객의 편의를 위해 차로 직접 고객을 데려오는 픽업(pick up) 서비스를 과감히 실시했다. 그리고 저가로 30분 동안 피부 관리를 받을 수 있는 프로그램을 새로 만들었다. 저가 프로그램을 만들면서, 특히 염두에 둔 것은 베드의 회전율이었다. 당시 우리 관리실에는 베드가 3개뿐이었기에 빠른 회전율이 굉장히 중요했다. 그래서 비교적 저렴하면서도 짧은 시간 안에 관리가 끝나는 저가 프로그램을 만들었고, 결과는 대성공이었다. 시술 속도가 빨라져 고객 회전율이 높아졌고, 마케팅 면에서도 성과가 좋았다. 처음에 저가 프로그램을 선택한 고객들이 나중에 고가 프로그램을 만들어서 전환하는 경우도 점점 많아졌다. 3S 전략을 적절하게 사용한 덕분에, 좋은 성과를 거둘 수 있었다.

일석삼조의 효과를 노려라

고등학생 때 당구장에서 잠깐 아르바이트를 한 적이 있었다. 내가 맡은 일은 큐대를 닦고 당구대를 정리하고 손님들에게 음료수를 주는 일이었다. 당구장에서 일하면서 '쓰리 쿠션'이란 말을 처음 들었다. 쓰리 쿠션이란, 내 공인 수구가 제1적구와 제2적구를 모두 맞히기 전에 세 번 이상 쿠션을 맞추어야 점수가 인정되는 규칙이다.

손님들이 쓰리 쿠션으로 공을 치면 '다다닥' 소리를 내며 공들이 한꺼번에 움직였다. 그 모습에 '아하, 나도 저렇게 일석삼조의 삶을 살아야겠다'는 깨달음이 왔다. 그리고 영업할 때, 이 쓰리 쿠션 전략을 적용해보았다. 그 전략은 큐대로 공을 한 군데만 맞히면 그것이 저절로 움직이면서 세 쿠션을 찍듯이, 1가지의 효율적인 행동으로 3가지 효과를 보도록 하는 것이다.

우리가 사용할 수 있는 시간과 돈은 한정되어 있다. 그러므로 무슨 일을 하든지 쓰리 쿠션 같은 저비용, 고효율의 전략에 따라 해야 한다. 날마다 일상적으로 하는 생각과 말, 행동도 아무렇게나 할 것이 아니라, 목적의식을 가지고 전략적으로 잘 선택해 할 줄 알아야 한다. 그래서 나는 내가 행복하고 고객이 행복하고 세상이 행복해지는 방향으로 내 삶의 공을 움직이려고 한다. 왜냐하면 다른 사람과 세상에 도움이 되고 희망과 행복을 주는 공을 던져야 결국 그 공이 내게로 돌아오게 되기 때문이다.

나와 고객, 사업이 함께 잘되는 쓰리 쿠션 전략

나는 쓰리 쿠션 전략을 영업에서도 활용해보았다. 나와 고객, 사업을 효과적으로 연결해 일석삼조의 성과를 거두려고 노력했고, 좋은 결과를 얻을 수 있었다.

예를 들어, 피부 관리실을 운영할 때에는 주위 가게들과 긴밀히 연결되어 협력함으로써 강력한 시너지를 일으켰다. 이런 시스템을 처음으로 시행하게 된 건 고객들의 요구 때문이었다. 관리실에 오는 고객들 가운데 마사지뿐 아니라 속눈썹 시술, 맞춤속옷 등을 함께 문의하는 고객이 점점 많아졌다. 나는 고객들의 요구를 어떻게 충족시켜줄 수 있을까 고민하다가, 인근에서 관련 사업을 하는 사장들과 업무 제휴를 맺게 되었다. 그 사장들은 우리 관리실에 출장 와서 고객들이 원하는 시술을 해주고 제품을 판매했다. 그리고 그렇게 해서 생긴 수익은 함께 나눠 가졌다. 때로는 그 사장들의 가게로 우리 관리실의 손님들을 보내기도 했다.

이처럼 서로 연결되어 도움을 주고받았더니 우리 관리실은 물론이고 다른 가게들의 수익 창출에도 큰 보탬이 되었다. 나도 고객도 다른 가게의 사장도 함께 행복한 일석삼조의 효과를 거둔 것이다. 저마다 성공의 기준은 다르다. 연 매출 10억 원 또는 100억 원을 달성하면 성공한 것이라고 보는 사람들도 있겠지만, 나에게 성공이란 내가 있는 곳에서 역량을 최대한 긍정적으로 발휘하는 것이다. 내가 가진 것을 최대한 효율적으로 활용해 나와 고객, 사업, 사회가 함께 모두 번창하길 바라며 오늘도 꿈을 향해 나아간다. 그러기 위해서는 매일 스몰 목표리스트를 작성해서 달성하면서 매일 성공하는 인생을 만들어 나가야 한다.

날마다 스스로 업그레이드하라

홈페이지도 사람도 업그레이드는 필수

2013년에 우연히 온라인 판촉물 사업을 하게 되었다. 판촉물은 볼펜부터 수건까지 종류도 품목도 매우 다양하다. 그래서 1만 개 정도 되는 공장들과 연결되어 판촉물 쇼핑몰을 운영했다. 종종 우리 카탈로그에 없는 디자인이나 품목을 찾는 고객들 덕분에 인터넷 검색을 통해 새로운 거래처를 수소문하곤 했다. 그러면서 여러 업체의 홈페이지를 방문하게 되었는데, 어느 순간부터는 홈페이지 화면만 봐도 제대로 운영되는 업체인지 아닌지를 쉽게 가늠할 수 있었다. 그것은 홈페이지를 얼마나 자주 업데이트하느냐에 따라서 그 업체의 성실도를 엿볼 수 있었는데, 홈페이지가 신속하게 업그레이드되지 않는 업체를 찾아가보면 여지

없이 상담이나 영업 시스템의 만족도가 떨어졌다.

이처럼 회사의 홈페이지뿐만 아니라 사람도 끊임없이 업그레이드해야 한다. 매일 스스로 업그레이드하는 사람은 확실히 마음가짐이 유연하고 매력이 넘친다. 작년에 찍은 사진만 봐도 촌스럽다고 느낀 적이 있지 않은가? 그렇기에 사람은 날마다 모든 면에서 업그레이드해야 한다. 반면에 업그레이드를 좀처럼 하지 않는 사람은 멈춰버린 시계처럼 세상 물정도 잘 모르고 소통도 잘 이뤄지지 않아 답답하다.

오늘날 세상은 급변하고 있다. 어느덧 로봇과 인공 지능(AI) 시대가 열렸다. 자율 주행 자동차, 무인 택시 등이 등장하고 있으며 어떤 식당에서는 로봇이 요리와 서빙을 하기도 한다. 갈수록 세상이 변하는 속도가 빨라질 거라고 미래학자들은 입을 모아 얘기하고 있다.

이런 시대에 자기 방식만을 고집하며 '마이 웨이'를 외치며 세상의 변화를 거부해선 곤란하다. 한 자리에 머무르지 말고, 급변하는 세상의 변화를 받아들이고 배우는 자세로 끊임없이 업그레이드해야 한다. 우리나라에 가정용 컴퓨터가 처음 보급되었을 때 그 사용법을 하나부터 열까지 배웠듯, 새로운 문물에 적응하기 위해서는 배움이 필수다. 새로운 것을 끊임없이 공부해 자기 것으로 소화시켜야 빠르게 변하는 세상에 우리 자신을 무리 없이 안착시킬 수 있다.

아는 것이 무기다

《제3의 물결》, 《부의 미래》를 쓴 미래학자 앨빈 토플러(Alvin Toffler)는 '미래를 지배하는 힘은 읽고 생각하고 커뮤니케이션하는 능력'이라고 했다. 이처럼 미래를 지배하려면 다양한 책을 읽고 생각하고 소통하며 스스로를 업그레이드해야 한다.

책은 비교적 저렴하고 쉽게 지식과 노하우, 지혜를 얻을 수 있는 도구다. 그래서 나는 항상 책을 가까이하며 배움의 끈을 놓지 않았다. 공부를 할 때에는 관심 있는 분야뿐만 아니라 그와 관련된 분야까지 시야를 넓히는 것이 좋다. 그렇게 다양한 분야의 지식을 쌓다 보면 생각할 수 있는 역량이 업그레이드되어, 지금 하고 있는 일을 새로운 시각으로 보고 개선할 점을 발견하기도 한다. 나는 '아는 것이 무기다'라는 철학으로, 무슨 일을 하든지 그와 관련된 공부를 열심히 했다. 판촉물 쇼핑몰을 운영할 때에는 각종 박람회에 참석해 거래처를 확보하고 최신 흐름을 읽으며 정보 수집을 했다. 그러다 보니 경쟁력을 갖추기 위해 개선해야 할 점 2가지가 보였다. 하나는 디자인 역량을 높이는 것이고, 다른 하나는 소량 주문이 가능하도록 하는 것이었다.

엇비슷한 판촉물들 사이에서 변별성을 띨 수 있는 부분이 디자인과 글씨체다. 대부분의 판촉물은 천편일률적인 글씨체와 디자인으로 되어 있다. 그래서 나는 이 부분에서 승부를 걸기로 했다. 그러나 전문 디자이너에게 맡기자니 비용도 들고 시간도 오래 걸리는 단점이 있었다. 판촉물 사업은 무엇보다 납품 기일 엄수가 생명이다.

그래서 남편과 딸에게 포토샵을 배워서 자격증을 취득하게 했다. 이후 디자인이 필요한 상품 주문이 들어오면 우리가 직접 디자인해 경비와 시간을 함께 절감할 수 있었다. 이렇게 업그레이드한 능력이 우리 쇼핑몰의 경쟁력이 되었다. 소량 주문이 가능하도록 하는 문제는 열심히 발로 뛰면서 새로운 거래처를 수소문한 끝에 해결할 수 있었다. 기존 거래처들은 대량으로 주문해야만 단가를 잘 맞춰줬는데, 새로 찾은 거래처는 소량으로 주문해도 좋은 가격에 물건을 잘 제작해 신속하게 보내주었다. 이처럼 잘 모르면 배우고, 문제가 있으면 적극적으로 해결법을 찾아나서면서 사업을 계속 업그레이드해나가야 한다.

'왜'가 아닌 '어떻게'에 초점을 맞춰라

날마다 자기 자신과 사업을 업그레이드하려면, 한곳에 머물지 않고 끊임없이 배우며 새로운 길을 개척해야 한다. 만약 지금 방식으로 일이 잘 풀리지 않는다면, 동서남북 사방팔방으로 알아보면서 일이 잘되는 방법을 찾아야 한다. 문제 자체에 집중하면서 왜 그런 문제가 일어났는지 고민하고 자책하지 말고, 그 문제에서 빠져나와 객관적으로 보고 어떻게 해결할 수 있을지 방법에 초점을 맞추는 것이 현명하다.

예를 들어, 몸이 비만일 경우 '왜 내 몸은 이렇게 뚱뚱할까?' 하면서 괴로워해봤자 바뀌는 건 아무것도 없다. 오히려 스트레스를 받고 폭식을 해서 체중이 더 늘어나게 된다. 하지만 생각의 관점을 바꿔서 '어떻게 하면 체중을 줄일 수 있을까?'에 초점을 맞추면 긍정적 변화가 일어나게 된다. 체중을 감소하기 위해 운동을 하고 식습관과 생활습관을 바꾸는 일에 생산적인 에너지를 쓰게 되고 결국 스스로 업그레이드되는 결과를 얻을 것이다.

그러므로 부정적인 것에 '왜(Why)?'를 붙여 문제를 확대하지 말고 '어떻게(How)?'를 붙여 그것을 해결하는 일에 나서야 한다. 반대로 긍정적인 것에는 적극적으로 '왜'를 붙여서 '왜 나는 잘할까?' 하면서 긍정을 확대하고, '어떻게'를 붙여서 '어떻게 하면 더 잘할까?' 하고 질문을 던짐으로써 더욱 성장할 수 있도록 해야 한다. 이것이 바로 우리 자신을 현재 위치에서 날마다 업그레이드하고 성장하게 하는 비결이다. 세상에 완벽한 것은 없다. 그러니 내가 지닌 문제에 머물러 불평하는 데 힘을 쏟지 말고, 조금이라도 더 나아지는 길을 모색하고 실천하도록 하자.

업그레이드, 나와 남을 위한 배려

하수에서 중수로, 중수에서 고수로 성장하기 위해서는 꾸준히 공부하면서 자신을 업그레이드해야 한다. 하수는 '내가 최고다' 하며 한곳에 머물러 있는 사람이고, 중수는 어설프게 노력하는 사람이고, 고수는 자기 삶의 주인 의식을 가지고 끊임없이 배우며 긍정적 변화를 일구어가는 사람이다.

요즘같이 급변하는 세상에서 살아남으려면 고수처럼 업그레이드하며 살아야 한다. 업그레이드라는 게 거창한 것이 아니다. 대학생이 C학점을 받았다면, 좀 더 노력해서 다음에는 B학점을 받는 게 업그레이드고, 호떡 장수가 지금 것보다 더 맛있고 건강한 호떡을 만들기 위해 기름을 좋은 것으로 바꾼다든지 설탕을 비정제 설탕으로 바꾼다든지 하는 것이 업그레이드다. 이렇듯 지금 상태에서 좀 더 발전적인 방향으로 나아가면, 그것이 업그레이드인 것이다.

업그레이드는 나뿐만 아니라 주변까지 발전하게 하는 배려다. 학생이 공부를 열심히 하면 스스로 자부심이 생기고, 부모님에게도 기쁨을 주며, 속해 있는 학교의 이름도 빛낼 수 있다. 주부가 가족을 위해 건강한 음식을 만들면 자신에게도 좋고, 그 음식을 먹은 다른 식구들이 건강해져서 좋고 일과 학업에서 능률을 높이고 사회에서는 훌륭한 일원이 된다. 이처럼 한 사람이 자기 자리에서 최선을 다하고 날마다 한 걸음씩만 더 발전하기를 힘쓰면 우리 가정과 사회, 세상이 더욱 풍요로워질 것이다.

마음의 그릇을 키워라

꿈은 내 속에 잠든 거인을 깨운다

암흑 같은 과거를 딛고 지금 이 글을 쓰는 것이 감사하고 감격스럽다. 나의 성장기는 그야말로 스펙터클했다. 태어나자마자부터 울지 않아서 몸을 천으로 둘둘 말아 땅에 묻으러 나갈 때서야 울어서 구사일생으로 살아났다. 초등학교 4학년 때는 갑자기 걷지를 못해서 그 원인도 모른 채 1년을 누워 지냈다. 매일 밤마다 집 천장에서 쥐들이 우르르 몰려다녔고, 어느 해에는 심한 물난리에 집이 침수되어 동네 사람들과 인근 학교에서 단체로 생활하기도 했다.

초등학교 5학년 때에는 건강하던 아버지가 감기에 걸려 병원에 간다고 하더니, 입원한 지 이틀 만에 돌아가셨다. 뒤이어 중학교 1학년 때에는 어머니가 돌아가셨고, 고등학교 2학년 때에는 아기 때부터 함께 자란 가족같았던 옆집 친구가 학교에서 불의의 사고로 세상을 떠났다. 이처럼 잇따른 불행에 큰 충격을 받아 한동안 헤어나오지를 못했다. 절대로 새벽이 찾아오지 않을 것 같은, 캄캄한 어둠뿐인 시간이었다.

학교에 다녀와 습관적으로 "엄마, 다녀왔습니다" 하고서, 그 인사를 허공에 한 걸 뒤늦게 깨닫고 목놓아 펑펑 운 적도 있었다. 그렇게 매일 눈물로 지내다, 어느 날부턴가 가슴에 꿈을 품었다. 하늘에서 보고 계실 부모님께 기쁨을 드리자는 꿈이었다. 나에게 주어진 삶을 감사히 여기며 최선을 다해 꿈을 이루기로 마음먹었다. 그래서 나처럼 힘든 시간을 보내는 사람들에게 "저도 해냈으니 여러분도 충분히 할 수 있어요. 꿈을 가지세요!" 라고 외치는 꿈이었다. 그 꿈 덕분에 다시 일어설 수 있었다. 이후 힘들어도 그 꿈이 나를 살리고 더욱 단단하게 만들어 주는 신념이 되었고 나를 더욱 강하고 열정적으로 살게 했다. 결국 꿈은 나를 흔들어 깨워 일하게 했다. 그래서 그토록 허약했던 내가 50개 직업을 가지고 13번의 사업에 모두 성공하는 기적을 이루었다. 나는 오늘도 가슴에 뜨겁게 올라오는 꿈으로 단단한 신념의 다리를 건설 중이다.

어떻게든 오늘 하루만 버티자

아직도 엄마의 죽음이 생생하게 기억난다. 사춘기에 접어들어 한참 예민하던 중학교 1학년의 어느 날, 학교에서 집에 돌아왔더니 의사가 와 있었다. 그는 어머니가 돌아가셨다고 했다. 청천벽력 같은 소리를 듣고 이젠 세상이 끝났다고 생각했다. 나는 아무것도 하고 싶지 않았다. 억지로 학교에 갔더니, 부모님의 부재가 더욱 서럽게 다가왔다. 점심시간에 친구들과 나의 도시락부터 달라졌고, 담임 선생님은 등록금을 안 냈다며 반 아이들 앞에서 나를 꾸중하고 며칠간 화장실 청소까지 시켰다.

부모님이 없어서 서럽게 무시당할 때면 마음속 상실감이 더욱 커졌다. 그러면서 '난 도대체 왜 태어났을까?', '왜 난 사는 게 이 모양일까?'라는 생각이 들었다. 내가 세상에서 가장 불행한 사람인 것 같았다. 다니던 교회에도 나가지 않게 되었고, 밤에 잠이 들 때면 제발 이대로 눈이 안 떠졌으면 좋겠다고 생각했다. 그리고 아침에 깨어나 눈 뜨는 게 너무 싫었다. 학교에 가도 아무런 의욕이 없으니 하루 종일 잠만 오고 힘이 들었다. 그래서 아침마다 중얼거린 말이 '그래. 어떻게든 오늘 하루만 버티자'였다.

그러던 어느 날 새벽, 화장실에 갔다가 우연히 거울을 보았다. 내 퀭한 눈과 초점 없는 눈동자를 처음으로 똑바로 보게 되었다. 마치 죽은 물고기 눈 같았다. 그때 이런 물음이 떠올랐다. '내가 이렇게 괴로워한다고 뭐가 바뀌지? 이런 게 내가 원하는 삶인가? 어떻게 하면 이 괴로움과 시기, 질투에서 벗어날 수 있을까?' 나는 이내 답을 얻을 수 있었다. 내가 그토록 괴로워하는 건 그만큼 행복하고 싶고 성공하고 싶기 때문이라고, 그러니 주어진 환경을 그대로 쿨하게 받아들이고 내가 할 수 있는 최선을 다해 살아보자고 말이다.

시기와 질투, 욕심을 지렛대로

그날 이후로 나는 움츠렸던 어깨를 쫙 펴고 당당해졌다. 그리고 세상을 향해 이렇게 외쳤다. '부모님 돌아가신 게 내 잘못은 아니잖아? 전쟁 고아도 수두룩한데 고아가 뭐 대수라고! 그리고 그까짓 점심밥 안 먹고 미국 사람처럼 빵 먹으면 어때? 사지육신 멀쩡하게 태어나서 빵 먹고 소화 잘되는 것만 해도 감사한거지 뭐!' 하면서 모든 상황을 쿨하게 받아들였다.

그렇게 마음을 활짝 열었더니, 용기가 생기고 삶이 달라져갔다. 사람들의 겉모습이 전부 다른 것처럼 삶의 모양도 다르니까, 남과 비교할 필요가 없다는 걸 깨달았다. 또한 욕심이 나고 질투가 생긴다는 건 나도 잘 살고 싶다는 증거이니, 더 이상 시기하지 않고 그 힘으로 열심히 살아보기로 마음먹었다. 그래서 걸 스카우트(Girl Scouts)에 가입하고 싶어서 교무실에 찾아가 선생님께 부탁해 헌 단복을 얻어서 입고 당당하게 활동했고, 오락부장을 하며 장기자랑 사회를 보기도 하고 통기타를 매고 교내 음악 경연 대회에 나가기도 하면서 씩씩하게 학교 생활을 즐겼다.

이처럼 적극적으로 살았더니, 우울하고 부정적인 감정은 사라졌다. 시기와 질투, 욕심이 생겨날 때면 '난 왜 항상 이럴까?' 하며 자책할 시간에 '난 이런 삶을 원해' 하면서 미래의 내 모습을 기대하며 그려보았다. 나는 지금도 부러운 사람을 보면 질투하지 않고, '도대체 어떻게 해서 저런 성과를 냈을까? 나도 따라 해봐야겠다' 하며 배우려고 한다.

쓰레기를 재생 에너지로 사용하듯이, 시기·질투·미움·탐욕 같은 부정적인 감정을 죄다 성공에너지를 만드는 동력으로 삼아야 한다고 생각한다. 인디언 속담 중에 이런 말이 있다. 선한 늑대와 악한 늑대 중 이기는 쪽은 언제나 그 마음의 주인이 먹이를 주는 쪽이라고. 그러므로 자기 안의 부정적인 감정에 자꾸 먹이를 주지 말고 자기를 진정으로 성장하게 하는 희망과 꿈, 열정에 먹이를 주어야 한다. 그리고 끊임없이 배우고 행동하고 꿈을 향해 나아가다 보면, 언젠가 그 꿈을 이루게 될 것이다.

억만장자 마인드를 가져라

어릴 때 집 옆에 있던 우물에서 물을 길어서 양동이에 담아 오곤 했다. 두레박에 가득 담긴 물을 보면 내 마음까지 시원해졌다. 하지만 문득 그런 생각이 들었다. '양동이보다 더 큰 그릇에 더 많은 물을 담아 오고 싶다.' 이처럼 물을 얼마만큼 담아 올지는 그릇의 크기에 달렸다. 아무리 바다처럼 넓고 깊은 물이 있어도, 컵 하나를 가져가면 딱 컵만큼 가져오고 냄비 하나 가져가면 냄비만큼 가져올 수 있다. 즉, 복을 많이 받으려면 그것을 담을 만한 큰 그릇이 준비되어 있어야 한다. 그렇다면 어떻게 큰 그릇을 마련할 수 있을까? 생각보다 간단하다. 마음을 넓게 가지면 된다. 어떤 일을 겪든 어떤 사람을 만나든 너그러운 마음으로 받아들이고 이해하는 마음을 가지면 된다. 억만장자가 되고 싶으면, 억만장자 마인드로 살아야 한다. 이미 그렇게 된 듯 마음을 여유롭게 갖고 살다 보면 마음이, 자리가 사람을 만들게 되어 점점 성공할 것이고 부자가 될 것이다. 또한 설령 소형차를 타더라도 비싼 외제차를 타는 사람처럼 운전하게 된다. 도중에 남이 끼어들어도 저 사람이 급한 일이 있나보다 하며 양보해주게 된다.

이처럼 사고를 넓게 갖고 마음을 여유롭게 가지면 기회가 많이 보이게 되고 부자가 될 확률도 높아진다. 나 또한 억만장자 마인드를 가지고 살아간다. 그래서 나와 비슷한 시기에 사업을 시작해 지금은 나보다 훨씬 잘나가는 친구를 보더라도, 질투하지 않고 진심으로 축하할 수 있다. 진정한 부자는 그저 통장에 돈이 많다고 해서 되는 것이 아니다. 마음가짐, 즉 마인드가 부자여야 찐부자인 것이다. 왜냐하면 돈으로 가치를 매길 수 없기 없기 때문이다. 그렇기에 진정한 찐부자가 인생의 진정한 승자라고 믿는다.

매일매일 성공하는 루틴을 실천하라

인생을 효율적으로 만드는 시스템의 힘

나는 공장을 여러 군데 다녔다. 하지만 계획과 달리 오래 일하지 못하고 금세 그만두었다. 생각보다 단순 노동이 너무나 힘들었다. 가는 공장마다 대부분 물건을 완제품으로 만들어 포장까지 하는 원스톱 시스템(One-stop System)으로 되어 있었다.

처음에 간 곳은 청바지 공장의 실험실이었다. 청바지를 염색하는 공장이었는데, 직원이 나를 허름한 사무실로 데려갔다. 그곳에는 저울과 실만 있었다. '헉' 소리가 절로 나왔다. 실험실이라고 해서 흰 가운을 입고 비커를 만지며 일하는 곳이라 상상했는데 당최 무슨 일인지 알 수 없었다. 알고 보니, 내가 해야 하는 일은 저울에 실을 조금씩 올려서 그램 수를 재고 기록하는 일이었다. 하지만 하루종일 쪼그리고 앉아 저울에 실만 올리고 있자니, 좀이 쑤시고 졸리고 너무 힘들었다.

도저히 계속 있을 수가 없어서 친구와 점심시간에 뛰쳐 나왔다. 그리고 강남에 골프캐디를 하겠다고 찾아갔지만 결국 하지 않았다. 다음에는 양말 공장에서 양말의 짝을 맞춰 집게로 집어 놓는 일을 했다. 또한 인형 눈알 붙이는 일, 봉투 붙이는 일도 해 봤다. 그런 일들을 하면서 '차라리 삽으로 땅을 파는 일이 나한테 맞지 않을까'라는 생각이 수없이 들었다.

그러다가 나중에 제법 큰 스피커 공장에서 꽤 오랫동안 일하게 되었다. 내가 담당한 파트는 스피커 뒤에다 도장을 찍는 일이었는데, 대형 롤이 굴러가면서 스피커가 가까이 오면 스피커 뒤쪽 정중앙에 도장을 찍어야 했다. 내가 도장을 찍어야 다음 파트로 롤이 굴러가기에, 늘 긴장한 채로 쉴 새 없이 똑같은 일을 반복했다. 정말이지 어깨가 끊어질 것처럼 아팠다. 실수로 인해 혼나기도 했지만 일을 꾸준히 했더니, 가랑비에 옷 젖듯 조금씩 일이 돌아가는 시스템을 이해할 수 있었다. 일도 조금씩 익숙해지자 근육이 붙어서 나중에는 능숙하게 잘할 수 있었다.

이렇듯 처음에는 일을 배우는 것도 힘들고, 익숙해지는 것도 꽤 어렵다. 하지만 시스템을 이해하고 루틴화하면 일이 수월해진다. 그러기에 내가 경험한 공장처럼 우리 삶과 일도 시스템화한다면 좀 더 효율적으로 변하지 않을까? 군더더기를 빼고 핵심만 추려서 발전적인 패턴으로 돌아가도록 만드는 것이다. 그렇게 하면 내적 갈등을 줄이고 시간을 효율적으로 사용할 수 있게 된다.

우리가 살면서 목표를 이루는 과정을 공장처럼 빈틈없이 돌아가게 하려면, 아주 사소한 행동이라도 날마다 습관처럼 반복하는 루틴을 만들어야 한다. 루틴이 있어야 중요한 일에 집중해서 시간과 감정과 돈을 잘 사용하게 된다. 처음부터 너무 크게 확 바꾸려고 하지 말고, 아주 간단하고 쉬운 것부터 실천하다 보면 그것이 루틴이 되고, 목표를 이루는 동력이 될 것이다. 또한 매일 선택하는 작은 행동이 곧 성공 시스템을 만들기도 하고, 실패 시스템을 만들기도 한다는 사실을 기억하자.

성공하는 사람에게는 루틴이 있다

독일 철학자 칸트(Kant)는 매일 새벽 5시에 일어나 홍차를 마시고 오후 3시 30분이면 산책을 해서, 사람들이 칸트를 보고 시간을 알 수 있었다고 한다. 현대 무용가 트와일라 타프(Twyla Tharp)는 매일 동이 틀 때 일어나 택시를 타고 헬스장으로 갔고, 소설가 어니스트 헤밍웨이(Ernest Hemingway)는 무슨 일이 있어도 반드시 하루에 500단어씩 글을 썼으며, 일본의 소설가 무라카미 하루키는 매일 새벽 4시에 일어나 대여섯 시간 동안 글을 쓰고 오후에는 10킬로미터를 뛰고 1.5킬로미터를 수영한 뒤 책을 읽고 음악을 듣다가 밤 9시쯤에 잔다고 한다. 이렇게 성공한 사람들에게는 성공적인 삶으로 이끄는 세밀한 루틴이 있다.

나는 둘째 아이를 낳고 살이 안 빠져 몸무게가 64kg였을 때 우울증이 찾아왔다. 그래서 우울증에서 벗어나기 위해 눈 뜨면 갈 곳이 없어도 세수하고 눈썹을 그리고 자전거를 타는 루틴을 만들어 건강해졌다. 또 매일 새벽 5시 58분에 일어나 독서 인증을 하고, 자기 선언을 하며, 동시에 뒷발 차기 운동을 하고, 꿈 명상(꿈을 이룬 나를 기쁨으로 상상)을 3분 정도 한다. 그리고 좋아하는 작가의 책을 읽으며 힘을 충전하고 60도인 물에 유산균을 타서 먹고 계단 꼭대기까지 오르는 운동을 한다.

그 후 매일 아침 삶은 계란을 먹고 귀리를 넣은 밥과 두부와 양배추, 사과, 견과류, 요플레를 챙겨 먹는다. 식사는 중요한 에너지원이기에 잘 챙겨 먹는다. 또한 '워터멜론 힙'을 만들기 위해 스쿼트 100개를 한 뒤, 노트북을 켜고 글을 4시간 동안 쓴다. 그리고 저녁에는 사람들과 한 시간 동안 춤을 춘다.

이렇게 삶을 루틴화하는 것은 대단히 중요하다. 왜냐하면 변화에 가속도가 붙기 때문이다. 그동안 수많은 일을 몸소 경험하며 성공하는 루틴을 만드는 것은 운동을 통해 몸을 만드는 과정과 같았다. 운동으로 근육을 키우려면, 매일 꾸준하게 실천해야 한다. 그러다 온몸이 아프고 고통스러운 시점이 오더라도, 꾹 참고 반복하다 보면 어느새 근육이 키워져 있다. 근육뿐 아니라 다른 모든 것들도 다 똑같다. 습관이 될 때까지 매일 반복하다 보면 적응이 되고 능력이 생긴다. 결국에는 습관으로 내 삶을 움직일 수 있다. 이렇듯 좋은 습관이 당신을 성공으로 이끌 것이다.

성공하는 루틴을 만드는 법

그렇다면 목표를 이루고 성공적인 삶을 살아가도록 돕는 루틴화는 어떻게 만들어야 할까? 우선, 핵심에 집중하기 위해 불필요한 습관은 버려야 한다. 생각도 다이어트를 해야 한다. 이루고자 하는 목표를 심플하게 정하고, 나머지 잡다한 것은 모두 버리도록 한다. 즉 가장 중요한 가치에 목표를 이루기 위해서 다른 가치들을 버려야 한다. 그래서 돋보기에 햇빛을 집중하듯 에너지를 집중해야 한다. 또한 루틴에 집중하는 시간에는 방해받지 않도록 휴대폰도 비행기모드로 설정하고, 온전히 미친 몰입을 해야 한다. 이것저것 기웃대며 놀 것 다 놀고 성공 루틴을 이루긴 어렵다. 인생은 내 목표 지점을 향해 뛰는 게임 경기다.

하지만 무조건 루틴에만 집중하다 보면 오히려 능률이 떨어질 수 있기에 학교처럼 1시간 수업하고 10분 쉬는 식의 휴식 시간을 갖듯 가끔 휴식을 통해 충전을 한다. 그래서 맛있는 것을 먹든 노래를 하든 유튜브를 보든, 자기가 하고 싶은 일을 하면서 잠깐 몸과 마음을 쉬게 한다. 그리고 정해진 시간이 되면 다시 루틴에 집중하는 것이다.

중간에 실패해도 포기하지 말고 수고한 자신에게 “장하다, 여기까지 오다니.”, “넌 진짜 대단해” 등의 폭풍 칭찬을 보내준다. 그래야 계속 도전할 힘이 생기기 때문이다. 이렇게 당근과 채찍을 적절히 활용하면서 습관과 정신의 균형을 잡아야 한다.

그리고 루틴을 실천하다 한계에 부딪히면, 그냥 포기하지 말고 힘든 건 당연하다고 받아들이고, 성공 근육이 붙어가는 중이라고 밝은 마음을 가져야 한다. 또한 처음에 목표로 정한 루틴을 왜 루틴을 시작하게 됐는지 스스로 질문하면서 초심으로 돌아가 본질을 새기고 마음을 리셋해서 재도전하는 것이다.

그래서 인내와 열정, 강력한 동기부여를 통해 실패를 딛고 끝까지 도전하다 보면 어느덧 성공의 루틴이 만들어진다. 실패는 성공의 오답노트인 것이다.

고통이 성공을 만든다

영업하면서 고객에게 처음 거절당했을 때 너무 민망하고 기분이 좋지 않았다. 하지만 그렇다고 포기하는 건 내 이름 석 자를 부끄럽게 하는 일이라고 생각했다. 오기가 발동해서 ‘그래. 내가 그만두더라도 1등 찍고 그만둔다’ 하고 마음먹었다.

하지만 뚜렷한 목표를 설정했더니, 거절당하고 욕먹는 것이 아무렇지 않았다. 왜냐하면 오직 목표만 보고 앞으로 돌진했기 때문이다. 나는 어릴 적부터 뭐 하나에 꽂히면, 거기에만 몰입하는 타입이었다. 그래서 감동적인 영화를 보면 몇 번을 더 봤고 좋은 노래는 수십 번을 반복해 들었다. 한때는 갤러그 게임에 빠져 하도 게임을 오래 하니깐 만화가게 할머니가 50원을 돌려 줄 테니 집에 가라고 한적도 있었다. 하다못해 개에 물려 병원에 갔다가도 게임을 하러 갈 정도였다. 그런 기질과 미친 몰입력이 목표달성을 이루게 하였다. 1등을 하겠다는 목표 하나를 향해 전진하면 거절 따위는 중요하지 않게 된다. 그럴때 비로소 꿈꾸던 1등을 할 수 있었다. 지나고 보니 영업할 때 고객에게 심한 욕을 듣고 무시당했던 것이 결국 나를 강하게 만든 아주 감사한 경험이었다. 입에 쓴 약이 몸에는 좋다고, 거센물살이 강한 어부를 만든다고, 영업인은 고객에게 강한 거절을 당할수록 단단하게 성장하게 된다. 쓰라린 경험이 곧 보약인 셈이다.

성공적인 삶을 살도록 이끄는 루틴화를 만들려면 처음에는 고통의 시간이지만 그 고통이 곧 성공을 만든다는 사실을 믿고 이겨내야 한다. 가수 싸이의 말처럼 지치면 지고 미치면 이기는 것이다. 그래서 작은 성냥불 하나가 큰 산을 태우듯, 사소한 행동 하나가 강력한 성공 시스템을 만든다는 사실을 꼭 기억하자. 작은 습관이 루틴이 되고 큰 성공을 이루는 발판이 된다. 러시아 소설가인 도스토옙스키(Dostoevskii)는 습관에 대해 이런 말을 했다.

"습관이란 인간으로 하여금 어떤 일이든지 하게 만든다."

운명을 바꾸는 행동의 힘

유선국 지음 | 14,000원

여전히 생각 속에서만 살고 있으신가요?
지금 당신의 마음속에 잠재된 거인을 깨워드립니다!

'돈 많이 벌고 싶다', '잘살고 싶다', '즐기면서 살고 싶다', 'SNS 사진 속 사람들처럼 여유로워지고 싶다'. 일상을 살아가면서 한 번쯤 해봤을 생각들이다. 하지만 이런 생각이 들 때면 뭔가 설렘보다는 두려움이 먼저 앞선다. 왜일까? 요즘처럼 살아남기 힘든 세상이 없다고 느끼는 우리에게 가장 필요한 건 이 무모해 보일지도 모를 행동의 힘이다. 나를 가장 단단하게 만들어줄 행동의 힘, 그 힘이야말로 꿈은 물론 현실에 맞설 힘과 원하는 만큼의 돈을 가져다줄 것이다. 지금 당장 당신의 바뀔 운명을 위해 행동하라!

미라클 액션

하재준 지음 | 15,000원

"행동이 없으면 오늘과 내일은 같은 날이다!"
망설이는 당신을 행동파로 만드는 행동력 훈련

스무 살에 분양사무소에서 영업을 시작해 37세인 지금 10여 개의 법인회사와 개인 사업체의 대표가 된 저자는 17년간 치열한 사업의 현장에서 살아남은 무기로 '남다른 행동력'을 꼽는다. 저자는 아침 알람 소리 한 번에 자리를 털고 일어나고, 발품을 한 번 더 팔고, '안 된다는 생각'은 없음을 다짐하고, 경험은 돈을 주고도 사며, 상대의 말은 끝까지 경청하는 등 사소한 행동 한 가지부터 행동하고 실천하라고 조언한다. 생각하느라 시간을 다 쓰는 사람들, 주저하는 데 많은 공을 들이는 사람들에게 매우 긍정적인 동기부여가 되어줄 것이다.